BATALHA ESPIRITUAL
A Grande Rebelião

Sancler Antunes

BATALHA ESPIRITUAL
A GRANDE REBELIÃO

© Publicado em 2012 pela Editora Isis Ltda.

Supervisor geral:
Gustavo L. Caballero

Capa:
Equipe técnica Editora Isis

Revisão de textos:
Antonio Marcos Rudolf

Diagramação:
Décio Lopes

Dados de Catalogação da Publicação

Antunes, Sancler

Batalha Espiritual – A Grande Rebelião / Sancler Antunes | 1ª edição | São Paulo, SP | Editora Isis, 2012.

ISBN: 978-85-88886-93-3

1. Religião 2. Ficção 3. Espiritismo I. Título.

Proibida a reprodução total ou parcial desta obra, de qualquer forma ou por qualquer meio seja eletrônico ou mecânico, inclusive por meio de processos xerográficos, incluindo ainda o uso da internet sem a permissão expressa da Editora Isis, na pessoa de seu editor (Lei nº 9.610, de 19.02.1998).

Direitos exclusivos reservados para Editora Isis

EDITORA ISIS LTDA
www.editoraisis.com.br
contato@editoraisis.com.br

Índice

Capítulo I – Gênesis 7

Capítulo II – As Aparências 9

Capítulo III – A Grande Festa 14

Capítulo IV – Intimidade 20

Capítulo V – Os Ensinamentos 31

Capítulo VI – A Melhor Oferta 37

Capítulo VII – Honra Quem Merece Honra,
 Glória a Quem Merece Glória. 44

Capítulo VIII – O Grande Sonho 52

Capítulo IX – Utilização do Poder 56

Capítulo X – Maus Pensamentos 62

Capítulo XI – Atitudes Desnecessárias 70

Capítulo XII – A Grande Obra 73

Capítulo XIII – O Conselho 82

Capítulo XIV – Maus Pensamentos. (Parte II) 86

Capítulo XV – O Mal se Propaga 93

Capítulo XVI – A Resistência dos Fiéis 99

Capítulo XVII – A Grande Batalha 116

Capítulo XVIII – O Grande Confronto 123

Capítulo XIX – Expulsão...126

Capítulo XX – O Poderoso Impacto..129

Capítulo XXI – A Grande Tormenta 131

Capítulo XXII – Grande Revolta..138

Capítulo XXIII – A Reconstrução...146

CAPÍTULO I

Gênesis

Uma grande batalha está prestes para começar. De um lado, os guerreiros que se uniram a Lúcifer, todos com armaduras e bem equipados para a guerra, do outro, os seres espirituais que permaneceram fiéis a Deus.

Entre esses dois grupos, havia uma distância que os separava e um grande silêncio que foi quebrado pelos passos de Lúcifer que ia na frente dos que o seguiam.

Esse querubim deu trinta passos, olhou para Deus e lhe disse:

– Subirei até os altos céus, porei o meu trono acima de ti e serei semelhante... A ti.

Esse foi o estopim para o início da batalha.

Miguel, com uma grande fúria, gritou:

– Vamos tirar Satanás e seus Demônios daqui!

Miguel se levantou com os guerreiros dos céus e ambos foram para cima dos rebelados, eles também tomaram uma posição, indo ao seu encontro para uma grande batalha...

Foi assim que ocorreu a primeira batalha espiritual, mas esse grande e surpreendente acontecimento não se deu de um dia para outro.

Por quê os seres espirituais que serviam à Santíssima Trindade, com tanto empenho e dedicação, teriam se rebelado contra o Todo Poderoso? Como um ser ungido pelo supremo e altíssimo Deus, poderia se rebelar contra ele?

É isso que este livro irá contar. Todos os seres espirituais habitavam, antes da batalha, o Reino dos Céus. Esse lugar, lindo e maravilhoso, que não há como descrevê-lo.

Tudo o que se fazia era em prol da Santíssima Trindade, que era composta por Deus, Jesus e Espírito Santo. Cada um fazia o que melhor podia para agradá-la.

O Reino dos Céus não é como muitos pensam; um reino entediante, em que os anjos ficam tocando harpas ou voando de um lado para o outro sem ter o que fazer. Muito pelo contrário, a rotina desses seres é bem atarefada e muito, mais muito agitada.

Capítulo II

As Aparências

Anjo Miquéias

As aparências dos seres espirituais não são como muitos pensam; humanos, loiros, com duas asas, não é assim, suas imagens são como a de animais. Alguns com aparência de felinos, outros com aparência de cães ou aves e assim por diante. Mas todos, sem exceção, são belos de se ver e cada um tem uma quantidade diferente de asas. Neste aspecto, os anjos, por exemplo, são menores, pode-se dizer do tamanho de um homem comum de 1,80 m ou 1,90 m e possuem duas asas.

Arcanjo Miguel

Depois vinham os arcanjos, eram maiores e mais poderosos; possuíam oito asas.

Serafim Ayla. Querubim Lúcifer.

Os serafins e os querubins, bastante poderosos, quase se igualam, a diferença está na altura e na quantidade de asas. Enquanto os serafins possuem seis asas e os querubins têm quatro asas.

Assim como os seres espirituais davam honras e Glória à Santíssima Trindade, Deus também os honrava, dando a cada um a patente segundo suas funções e responsabilidade exercida.

Líder do louvor, líder de criação de instrumentos, líder na dança, líder dos anjos, líder dos querubins...Todas essas honras que Deus dava a cada um eram conquistadas e merecidas.

As vestes eram lindas. Deus é bastante criativo e as vestes se diferenciavam em modelos, em alguns detalhes da roupa. Todos tinham detalhes de ouro, ou braceletes, ou as ombreiras, ou o cinto.

A aparência de Deus é de um ser com cinquenta anos mais ou menos, sua cor é escura seus, cabelos e barba grisalhos. Forte no seu físico, a sua presença era imponente e poderosa. Suas vestes eram brancas, se assemelhavam a uma armadura e possuíam bastante ouro, diamantes, pérolas e outras pedras preciosas. Tudo bem trabalhado, organizado perfeitamente.

Seu filho, Jesus, aparentava um rapaz de vinte e cinco anos. Sua cor parecia dourada pelo sol, suas vestes também eram brancas. Assim como as vestes do seu Pai, havia muitos detalhes em ouro e pedras preciosas, que o diferenciavam de Deus.

Espírito Santo.

Sua presença todos adoravam. Sua expressão era suave, seu rosto bem desenhado, sua aparência se assemelhava a de uma asiática linda e suas vestes eram belas.

Essas são as características dos seres espirituais.

Capítulo III

A Grande Festa

Todos amavam o que faziam, independentemente se fosse para cantar, tocar, dançar, criar coreografias, preparar instrumentos... tudo era feito com a maior dedicação e prazer.

Deus amava a todos não importando quem era, o que fazia, mas havia um que chamava sua atenção; não só Dele, mas também a de Jesus e do Espírito Santo. Esse ser era um querubim e seu nome, Lúcifer.

Lúcifer conseguia atrair atenção da Santíssima Trindade, tinha consciência de que Deus era seu Pai, tinha isso como uma grande verdade. Deus amava todos como filhos e tratava a todos como tal, porém, foi Lúcifer que teve mais convicção disso, por isso se empenhava ao máximo.

Lúcifer era líder de uns dos grupos de louvores, eram milhares, e cada um tinha um instrumento jamais visto antes.

Esses encontros musicais eram de adoração a Deus e ninguém, ninguém conseguia ficar parado, pois o som era contagiante, sendo um mais belo que o outro. Para se entoar louvores a Deus, gigantescas rochas muito bem trabalhadas, chamadas de

Rochedos de Adoração, flutuavam acima dos seres que ouviam os sons de adoração. Esses imensos rochedos se encontravam dentro do palácio de Deus. As dimensões do palácio de Deus eram colossais. Dentro do seu palácio poderiam estar presentes todos os seres espirituais do Reino dos Céus.

O altar onde trono de Deus, ao seu lado Jesus e Espirito Santo, se encontrava entre essas gigantescas rochas que eram três.

Cada grupo tocava suas músicas nessas rochas e quando um terminava de tocar em um desses rochedos, logo entrava outro para ocupar o lugar. Eram sons sem fim e com ritmos que jamais haviam sido ouvidos antes e muitos outros nunca se ouvirão.

Cada grupo tocava o melhor possível para Deus. Estava chegando a hora do grupo de Lúcifer.

Ayla era um ser da classe de um serafim e procurava ajudar a Lúcifer no que fosse necessário.

– Lúcifer está bem perto da nossa vez. Vai ser como ensaiamos?

Lúcifer olhou para trás e disse:

– Sim Ayla, mas quero que você entenda uma coisa, o que mais agrada ao nosso Pai é o louvor espontâneo. Você está me ouvindo!?

Lúcifer começa a levantar a voz

– Me ouçam bem, façam o melhor; como foi ensaiado, mas não se prendam a isso, deixem fluir o que há dentro de vocês. Deixem que os louvores para o nosso Pai, tomem conta de vocês. E podem ter certeza que será melhor do que planejamos.

Ayla olhou para Lúcifer, deu um leve sorriso balançando a cabeça e todos os seres que ouviram, concordaram.

Aquele era o momento, quando trocavam os grupos de louvores, ocorria um revezamento de cada grupo nos Rochedos da Adoração.

A equipe de adoração que estava saindo, em meio a muita música, encontrava-se no rochedo direito, eles saiam voando; era esplendoroso contemplar esses milhares de milhares de seres voando no céu e tocando.

Enquanto eles saiam tocando entrava Lúcifer e seus seguidores o acompanhavam, sendo que cada um vinha sobrevoando para tomar seu devido lugar.

Só se ouvia Lúcifer tocando um instrumento, eram três placas que ficavam flutuando; uma delas à sua frente e outras duas de cada lado. Em uma delas haviam cordas energizadas, na outra placa, apenas teclas e placa, que ficava no meio, tinham teclas e cordas energizadas.

Lúcifer dedilhava nesse instrumento com grande tranquilidade e fazia belos efeitos de som com as teclas passando paz para todos. Os outros dois grupos que se encontravam em outros dois rochedos, ouviam admirados aquele som; até que um dos integrantes do Rochedo da adoração da ala direita, disse para o seu líder:

– Shava, será que eu posso acompanhá-lo?

Esse anjo conseguia falar com seu líder por meio de um comunicador que ficava com Shava; por meio dele o líder podia se comunicar com todos ou selecionar aquele que desejava ouvir ou falar; tratava-se, portanto, de uma tecnologia avançada e muito complexa.

Shava olhou para esse anjo sorrindo e lhe disse:

– Claro, mas aguarde, eu vou comentar com Lúcifer se você pode acompanhá-lo.

Depois de dizer isso, utilizou um comunicador diferente, onde cada líder poderia se comunicar com a liderança que estivesse no Rochedo da adoração.

– Lúcifer! Sou Shava.

Lúcifer tranquilamente tocando e sem perder a atenção no que estava entoando respondeu:

– Pois não Shava.

Shava, deu um leve sorriso e disse:

– Abias gostaria acompanhá-lo nesse louvor, por meio do instrumento que está tocando. Poderia?

Lúcifer responde:

– Mas é claro. Diga para vir neste ritmo.

Logo após essa autorização, Shava retornou para Abias e disse:

– Abias pode acompanhá-lo, mas tente seguir nesse mesmo ritmo.

Abias começou acompanhá-lo no mesmo tom que Lúcifer. Ele estava com um instrumento que parecia uma parede de acrílico e ficava a sua frente, Abias começou então a tocar esse instrumento. No ponto do instrumento onde tocava aparecia uma coloração linda que emitia sons. Dependendo de como Abias tocasse aquele instrumento reproduziam-se cores e sons maravilhosos uns diferentes dos outros. A combinação foi perfeita. Ayla, com sua voz, começou a emitir um som seguindo o mesmo ritmo; todos admiraram aquilo; mais um instrumento foi tocado no grupo de Lúcifer, depois outro e mais outro, de repente todos estavam tocando; logo em seguida, o coral desse grupo acompanhava Ayla.

Lúcifer começou a intensificar o ritmo e todos o acompanhavam, outros grupos também começaram a intensificar seu ritmo de acordo com o que era tocado.

Deus olhou tudo aquilo e agradecido e ficou muito feliz com o empenho de todos.

Lúcifer observou isso e disse cantando:

– Vamos tocar o coração de Deus!

Ao dizer isso, o ritmo que tocavam foi se intensificando mais e mais. O louvor estava ficando mais e mais agitado e todos os seres espirituais que estavam ouvindo dançavam para a Santíssima Trindade.

Um determinado grupo fazia coreografias em adoração a Deus, outros dançavam da melhor forma possível para ele.

Todo o som que era tocado no Céu era perfeito, muito agradável e bastante contagiante, ninguém conseguia ficar parado diante desses sons maravilhosos.

Jesus olhou para todos e também ficou feliz com toda aquela apresentação, com todo aquele louvor; olhou para o seu Pai sorrindo e lhe disse:

– Pai, esse som e essa adoração são maravilhosos. Poderia ficar com eles?

Deus olhou e sorrindo para Jesus disse:

– É claro meu filho.

No mesmo instante, Jesus se transportou para o meio deles e quando os seres espirituais viram Jesus entre eles, todos o adoraram e queriam ficar o mais próximo possível. Então, começaram se aglomerar vários e vários seres espirituais em volta dele. A adoração ainda continuava intensificada. Jesus percebeu que todos queriam ficar próximos dele, muitos o rodeavam, dançando, ou adorando.

A Santíssima Trindade tem infinitos dons, todos os dons que os seres possuíam foram dados por eles e os seres espirituais tinham a obrigação de multiplicar esses dons, ou seja, melhorá-los mais ainda.

Deus, Jesus e Espírito Santo possuem infinitas capacidades e uma delas é a de ser onipresente, estar ao mesmo tempo em vários lugares. Foi exatamente isso que aconteceu. Jesus começou a ficar entre os grupos. Era o mesmo Jesus presente em vários lugares no mesmo instante. Muitos se aglomeravam em volta dele. Pode-se dizer que aquele foi um grande momento e inesquecível para todos os seres espirituais.

Capítulo IV

Intimidade

As músicas pareciam não ter fim, os grupos que estavam tocando, ainda continuavam. A equipe de Shava ficava no Rochedo da Adoração do lado esquerdo; Naftes, no Rochedo do centro e Lúcifer, no Rochedo da direita.

O tempo não importava naquele momento, pois era maravilhoso estar ali; poder-se-ia dizer que, no nosso tempo, pareciam dias, semanas e, até mesmo, meses. Poder-se-ia achar que era enjoado; sempre as mesmas músicas, mas não, não era, por que Deus gostava de novidades, ele gostava de tudo que é bom e novo. Enquanto o grupo tocava, eles mesmos faziam improvisações nas danças, e muito louvor espontâneo e até mesmo entre as equipes de adoração havia uma sinergia que fazia que tudo desse certo; como havia sido ensaiado.

Todos os seres Espirituais conseguiram tocar o coração de Deus e quando eles conseguiam isso a unção de Deus vinha sobre todos. Quanto mais unção vinha, mais eles faziam o melhor para Ele. Essa unção de Deus é como se fosse seu Poder liberado em forma de energia em um tom azulado, essa energia parecia uma névoa, com um cheiro suave e extremamente agradável, que trazia uma grande paz e alegria onde estava presente. Quanto mais essa unção vinha sobre cada um, mais eles louvavam e quanto mais louvavam mais Deus liberava a unção sobre cada um.

Deus, do seu trono, olhou para todos, se virou para Espírito Santo e lhe disse:

– Este momento é maravilhoso Espírito Santo.

Espírito Santo respondeu:

– Sim Deus, é louvável a dedicação de todos. Mas assim como chamou sua atenção, um querubim também chamou a minha.

Deus deu um sorriso para Espírito Santo e disse:

– Lúcifer.

– Sim! Lúcifer – Espírito Santo respondeu.

– O seu empenho é exemplar, pode-se observar sua preocupação com tudo até nos mínimos detalhes.

Espírito Santo respondeu dizendo:

– Lúcifer não se preocupa apenas com o som que está tocando, não se preocupa apenas com o seu intuito de louvor, mas deseja que todos, principalmente a sua equipe, se empenham ao máximo para que sejam os melhores – Espírito Santo deu um leve sorriso e retornou a falar – o intuito é tocar seu coração.

Deus respondeu:

– Eu sondei o seu interior e vi que essa é a sua intenção; e lhe digo, conseguiu tocar meu coração.

Enquanto Deus conversava com Espírito Santo, Lúcifer ainda tocava músicas para a Santíssima Trindade. Lúcifer olhava para Ayla que estava um pouco atrás e perguntou:

– Ayla, você consegue liderar a equipe?

– Sim, mas por quê? Você vai sair daqui? – perguntou Ayla.

– Eu vou até onde Jesus está – respondeu Lúcifer.

– Tudo bem. Pode deixar comigo – afirmou Ayla.

Lentamente saiu voando do rochedo, indo em direção a Jesus tocando, só que agora lentamente. Alguns pararam para ver aquela cena, ninguém havia tomado uma atitude como aquela antes. Chamou a atenção de Jesus quando viu aquela atitude de Lúcifer. Aos poucos esse querubim foi chegando, tocando e sorrindo para ele. Todos ficaram perplexos com aquilo. Aproximando-se de Jesus com grande intimidade iniciou uma conversa:

– Jesus! Espero que esteja gostando.

– Sim, eu estou.

– Desculpe pela minha ousadia ter saído do Rochedo da Adoração, queria ficar mais próximo de você.

– É claro! Sem problema.

Já estava na hora dos grupos saírem e entrarem outros. A equipe de Lúcifer já estava saindo e tocando, Lúcifer começou a se erguer e sair da presença de Jesus; olhou para ele sorrindo e lhe disse:

– Venha, nos acompanhe. Queria que você, meu irmão, me acompanhasse.

Jesus olhou sorrindo e disse:

– Sim, eu vou com você.

Aos poucos foram se erguendo do chão. Lúcifer ficou contente com a companhia de Jesus; Jesus, por sua vez, gostou também de estar ao seu lado, não só ao seu lado, mas também de todos os seres espirituais.

Todos que acabaram de entoar louvores a Santíssima Trindade estavam saindo do palácio de Deus para preparar novas músicas, novas danças, novos ritmos, novos instrumentos, continuar seus afazeres; enquanto isso outros grupos de adoração estavam entrando.

O grupo de Lúcifer estava saindo com Jesus.

Lúcifer gostaria de aproveitar esse momento para mostrar a Jesus os seus afazeres, então lhe disse:

– Jesus, nos acompanhe, gostaria de lhe mostrar o meu palácio e o que estamos preparando.

– É claro, estou ao seu lado.

Começaram a sobrevoar o Reino dos Céus. Era imenso esse lugar e muito lindo, cuja beleza é indescritível, e não é apenas um local onde só há campos verdejantes, árvores de todos os lados nuvens para todos os lados; seres espirituais indo pra lá e pra cá sem ter o que fazer. O Reino dos Céus é riquíssimo em beleza, suas ruas são de ouro e para onde se olhava via-se lindos e maravilhosos palácios, um mais belo que o outro. Em cada um desses palácios se faziam atividades: arquitetando novas obras para Deus, organizando novos grupos, fazendo novas atividades, planejando novas decorações...

Os seres espirituais, para se locomoverem de um lugar para outro, se transportavam mentalizando o lugar desejado, se estivessem tocando em algum outro ser ou objeto no momento, também seriam transportados até o local desejado. Geralmente, para pegar algum objeto que estava longe, utilizavam seus poderes. Essas habilidades de se transportar de um lugar para outro em frações de segundos e a utilização dos seus poderes em suas funções, fazia com que as atividades no Reino dos Céus ocorressem em um processo muito mais rápido. Eram muito raros os momentos em que se viam os seres espirituais voando no Reino dos Céus indo para algum lugar. Se houvesse algum grupo reunido em algum lugar ou voando devagar pelo reino, seria devido ao momento de comunhão que há entre eles. A Santíssima Trindade priorizava esses momentos.

Entre os seres espirituais imperava uma grande harmonia e paz, até mesmo entre grupos diferentes. Sempre que podiam, cada um visitava o palácio do outro; como Lúcifer e o Arcanjo Miguel. Havia uma grande amizade entre esses seres. Miguel admirava muito Lúcifer pela sua dedicação e empenho, Lúcifer, por sua vez, admirava Miguel pela sua grande organização e entusiasmo de fazer o melhor. Cada um era um exemplo para o outro.

Jesus e Lúcifer estavam sobrevoando um palácio. Jesus percebeu o olhar de Lúcifer e sorrindo perguntou para Lúcifer:

– Gostaria de visitar esse palácio?

– Sim meu irmão, eu gostaria. Ali vive um Arcanjo que sei que você conhece, mas gostaria que você fosse comigo. Esse arcanjo ficará muito feliz com sua presença.

– Então, vamos até lá.

Lúcifer rapidamente olhou para trás e disse para os arcanjos Micael e Rafá, que também auxiliavam nos louvores e organização como Ayla:

– Micael, Rafá leve um pouco mais da metade do nosso grupo para o palácio e aguarde, pois logo chegaremos, enquanto isso eu, Ayla, e os demais iremos com Jesus a esse palácio.

Micael e Rafá foram para o palácio com a quantidade de seres espirituais determinada por Lúcifer, os demais que ficaram, deram um rasante indo em direção a entrada do palácio, até que chegaram próximo do chão, diminuíram a velocidade até que seus pés tocarem em solo firme. Os portões do palácio eram belíssimos, todos feitos em ouro com detalhes de pérolas e cristais. De onde estavam se olhassem para uma determinada direção poderiam ver o Palácio de Deus. Não importa o lugar que estivessem, olhando para uma determinada direção poderia se ver o palácio do Todo Poderoso. Poderia, inclusive, se ouvir a música que estava sendo entoada para Deus; na verdade, em cada ponto do Reino dos Céus poderia se ouvir algum tipo de música. Quando se aproximaram dos portões, os seres espirituais que ficavam responsáveis por eles, abriram felizes, pois estavam contentes com a presença de Jesus. O arcanjo responsável por esse palácio, Miguel, quando soube que Lúcifer estava ali, ficou feliz e ainda mais acompanhado de Jesus, foi correndo até a frente do palácio para recebê-los. Quando o viu, não hesitou e se ajoelhou dizendo:

– Seja bem-vindo meu Senhor!

Jesus logo se prontificou em abraçá-lo e disse:

– Olá Miguel!

Miguel logo que acabou de abraçar Jesus abraçou Lúcifer:

– Lúcifer, estive nos momentos de adoração à Santíssima Trindade e foi maravilhoso tudo que você fez, em minha opinião foi o melhor de todos.

Lúcifer deu um leve sorriso e disse:

– Tudo isso Miguel é para honra e a Glória de Deus.

Jesus olhou para Lúcifer e disse:

– Isso é verdade Lúcifer; você com o seu grupo fez o melhor e surpreenderam a mim, ao Espírito Santo e ao meu Pai.

– Muito obrigado Jesus, mas só eu não mereço esse reconhecimento, todos que estão aqui também merecem.

Lúcifer se vira para trás apontando para os que o acompanhavam que, por sua vez, recebem o parabéns de Jesus. De repente a expressão de Lúcifer que era de felicidade, passa a ser pensativa, o que chama a atenção de Miguel:

– O que houve Lúcifer? O porquê dessa expressão?

Jesus olha para Lúcifer e vê que está pensativo, então lhe pergunta:

– Diga Lúcifer, no que está pensando?

Lúcifer demora um pouco em responder a Jesus:

– Bem! Ultimamente eu tenho percebido uma energia, ou melhor, um poder que vem sobre mim e me toma por completo. Mas não acontece só comigo, acontece também com todos que fazem alguma obra para a Santíssima Trindade. Por exemplo, eu estou vendo esse mesmo poder em volta de você, Miguel.

Arcanjo Miguel dá um sorriso e diz:

– Você está vendo isso em mim Lúcifer!?

– Sim eu estou vendo! Você não percebe isso, mas é um fato que ocorre com frequência e passa despercebida para nós. E esse fato só fui perceber há algum tempo, depois de muito tempo existir no Reino dos Céus.

Jesus sorriu diante da observação de Lúcifer e disse:

– O que você sente devido a esse poder Lúcifer?

– Eu sinto como se minhas forças fossem revigoradas, sinto como se meus poderes tivessem sido renovados, sinto que posso fazer coisas muito além do que faço, devido a esse grande poder.

Arcanjo Miguel ao ouvir essas palavras afirmou:

– Eu também sinto essa mesma sensação, mas eu achava que era por estar tão envolvido com o que estava fazendo para a Santíssima Trindade.

Lúcifer olhou nos olhos de Miguel e disse:

– Meu querido Arcanjo, é muito mais do que os seus pensamentos podem imaginar.

Jesus estava com um leve sorriso no rosto, totalmente surpreso diante da observação de Lúcifer. Jesus põe a mão em seus ombros e diz:

– Depois precisamos conversar a sós, Lúcifer. Mas antes vamos entrar no palácio de Miguel para ver o que está sendo feito por ali, se não só iremos ficar no átrio de entrada.

Miguel sorri diante do que Jesus falou e disse:

– É verdade, já estamos um tempo aqui. Vamos, entrem em meu palácio.

Miguel estava muito entusiasmado com a presença de Jesus ali, e ao levá-lo ao interior do seu palácio disse:

– Jesus e a todos que o acompanham, quero lhes mostrar o que pretendo ofertar como adoração.

Jesus disse:

– Eu quero ver essa oferta Miguel!

Miguel os levou ao interior do palácio. Ao chegar, o que se podia ver eram milhares e milhares de anjos trabalhando em um novo projeto.

Ayla se prontificou em perguntar:

– Miguel, o que vocês estão fazendo?

Miguel, olhando feliz vendo todos trabalhando, disse:

– Venha ver.

Levou todos dentro de uma sala onde havia um projeto já pronto.

– Estamos construindo esta armadura para ofertar a Deus.

Quando todos a viram ficaram admirados com a sua beleza; era toda feita em ouro, o peitoral, o capacete, os ombros, praticamente quase toda a armadura era talhada em pedras preciosas.

Miguel desembainhou uma espada e no lugar de uma lâmina saía fogo dela; era admirável, era fantástica.

Jesus ficou admirado:

– É magnífico Miguel, é lindo!

Miguel se ajoelhou diante de Jesus e disse:

– Tudo para sua honra e a sua Glória meu Senhor.

Como retribuição dessa atitude de Miguel, Jesus liberou uma unção sobre aquele lugar que impactou a todos que estavam ali.

Durante aquele período, todos pararam e adoraram Jesus; Miguel pegou na mão de Jesus e o conduziu para fora da sala. Todos os que estavam trabalhando, pararam e se ajoelharam diante sua presença. Jesus ficou um pouco tempo em silêncio admirando aquela dedicação de todos.

Miguel falou para Jesus:

– Jesus, está vendo essas armaduras, todas elas terão o mesmo modelo, que apenas se diferenciarão no formato dos seus capacetes, pois cada capacete terá o formato de cada ser espiritual que habita aqui no Reino dos Céus. Estamos pretendendo fazer para 1/3 dos seres espirituais que aqui habitam. Todos esses anjos estão fazendo essas armaduras com seus próprios poderes e são feitas nos mínimos detalhes, tudo é calculado e analisado.

Miguel foi para juntos dos anjos, pegou um pela mão e o levou diante de Jesus:

– Este anjo chama-se Miquéias, tem me acompanhado em tudo que está sendo feito, esse anjo tem sido um grande auxílio para mim.

Jesus olhou para Miquéias e disse:

– Miquéias, muito bom este trabalho que você está fazendo aqui. Esse auxílio que tem dado a Miguel tem sido bom. Aceite meus parabéns por isso; parabéns a todos vocês também.

Um dos melhores momentos que vivemos é quando reconhecem nosso trabalho e esforço; ser reconhecido e privilegiado por Jesus é uma das melhores sensações no Reino dos Céus.

Miquéias não sabia o que falar, apenas se ajoelhou aos pés de Jesus e o beijou, dando a ele a honra e a Glória. Jesus ficou um bom tempo no palácio de Miguel, até que Lúcifer o chamou e lhe disse:

– Vamos Jesus, agora eu quero lhe mostrar minha oferta.

Ficaram um pouco mais e logo saíram dali para o palácio de Lúcifer.

Enquanto iam conversando como irmãos, Lúcifer tinha essa consciência e nada e ninguém tiraria isso.

– Todos aqui, no Reino dos Céus, querem agradar a Santíssima Trindade, isso é o que procuro ensinar aos que me acompanham; expressar o melhor louvor e adoração – disse Lúcifer.

– E você tem feito isso muito bem, mas mesmo assim preciso conversa com você a sós – disse Jesus.

Chegaram ao palácio de Lúcifer que também era belo; era todo feito em cristal, ouro e diamantes. Ouviam-se, ao longe, os sons das músicas sendo tocadas no interior do palácio. Em todos os lugares do Céu, se ouviam sons de músicas que, às vezes, era difícil descobrirem de onde vinham. Quando entraram no palácio viram que havia milhares de seres espirituais ensaiando, cantando novos louvores para a Santíssima Trindade. Todos que sentiam a presença de Jesus paravam o que estavam fazendo, olhavam na direção dele e o adoravam ali mesmo. Lúcifer teve a mesma atitude de Miguel e disse para Jesus:

– Receba essa adoração. Todos querem te bendizer.

A maior parte dos seres espirituais havia sido orientada por Lúcifer como expressar o louvor perfeito, a melhor música à Santíssima Trindade. O que esse querubim fez? Nada mais que orientar para aqueles que quiserem ouvir porque o louvor perfeito é espontâneo e feito sem regras, mas com dedicação e criatividade; todos estavam aptos para isso. O grupo que acompanhava Lúcifer entendeu isso, à medida que tocavam para Ele ou cantavam num conjunto harmonioso.

Jesus liberava uma unção que caia sobre cada um.

O aroma que era exalado era inexplicável, nem os melhores perfumes se comparavam com aquela sensação que aquele perfume proporcionava; era sublime.

Capítulo V

Os Ensinamentos

Rafá que era o responsável quando Lúcifer não estivesse presente disse:

– Espero que esse momento tenha sido do seu agrado. Perdoe-nos se não conseguimos fazer o melhor, mas procuraremos nos aperfeiçoar.

Jesus olhou para cada um e disse:

– Foi perfeito. Por acaso esse louvor que vocês me apresentaram é o que estão ensaiando?

Micael, que também era um dos responsáveis, respondeu:

– Não! Esse cântico foi apenas um cântico espontâneo.

– Toda esta harmonia que vocês tiveram agora, até mesmo a música, foi feita agora!

– Sim, pois nós conseguimos essa harmonia devido a um grande sincronismo que cada um tem com o outro, cada um sabe quando deverá entrar, o momento em que deve parar de tocar ou cantar para que outro entre. Mas tudo isso exigiu muito ensaio e ouvindo muito Lúcifer falar – Micael e os demais sorriem confirmando que Lúcifer falava demais.

Lúcifer sorrindo disse:

– Isso é verdade; alguns falam mais que outros. Esse serafim chamado Ayla, foi um dos primeiros seres espirituais a estar ao meu lado, foi o primeiro ser que eu orientei. Ayla tem me ajudado a orientar todos que me acompanham; abaixo de mim tudo é coordenado por Ayla. E na ausência de nós dois, temos o Micael e Rafá.

Jesus olhou para Ayla, o abraça e disse:

– Continue sempre assim Ayla, pois o que você tem feito tem sido ótimo, dou-lhe meus parabéns para vocês, Micael e Rafá por esse grande auxílio que têm dado a estes dois.

Jesus ficou um bom tempo conversando com cada um e pouco a pouco tentava se retirar dali até que aproveitou um momento em que chamou Lúcifer e disse de forma que ninguém ouvisse:

– Venha comigo, quero te mostrar um lugar.

Com muita dificuldade, Jesus foi se retirando do meio deles, foi sobrevoando com Lúcifer; Ayla quis ir junto, mas Jesus disse:

– Ayla, fique depois Lúcifer irá retornar, enquanto isso tome conta de tudo.

Ayla balançou levemente a cabeça e ficou por que Jesus pediu.

Jesus e Lúcifer saíram voando pelo Reino dos Céus, vendo lugares lindos uns mais que outros, lugares que até mesmo Lúcifer não imaginava. Estava completamente vislumbrado com tanta beleza dos céus. Não sabia como descrever cada lugar.

– Está gostando Lúcifer!?

– Eu não tenho palavras diante de tudo o que estou vendo.

– Estamos quase chegando ao lugar que quero te mostrar, a beleza de lá é inigualável.

Voaram por algum tempo. Jesus podia muito bem se transportar até lá, mas perderia aquele momento de comunhão que estavam tendo. Depois de um bom tempo, sobrevoando o Reino dos Céus, chegaram a um lugar imenso e florido; era um belo jardim, onde podiam ver as mais belas flores nunca vistas por ninguém. Cada uma das flores emitia um brilho diferente, as flores pareciam como pedras preciosas. Eram vários tipos de espécies de flores e plantas. O mais surpreendente é que elas não ficavam sobre a terra, mas sobre pedras afogueadas. Lúcifer ao tocar no chão sentiu o calor das pedras. Elas não incomodavam; o calor delas podia ser comparado com o calor do sol em um dia frio de manhã. Lúcifer ao ver uma bela flor, mentalizou que queria pegá-la e, automaticamente, essa flor apareceu em suas mãos.

– Gostou daqui Lúcifer!?

– Não sei se consigo comparar os lugares do Reino dos Céus com este aqui; Mas este lugar é um dos mais lindos que conheci.

– Bem! Eu precisava trazer você aqui, pois preciso conversar com você sem a interferência de nenhum ser espiritual. Aquela observação que você teve me chamou muita atenção...

– Você fala da energia que nos rodeia?

– Sim! Dessa energia mesmo, ou melhor, desse poder que está sobre todos os seres espirituais que procuram fazer alguma obra para agradar meu Pai.

– Como eu já disse, faz pouco tempo que venho observando esse poder, acredito que esteja aqui até mesmo antes da minha existência.

– E é verdade Lúcifer, esse poder já estava aqui antes da existência de cada ser espiritual e vou te explicar o que é isso.

Lúcifer fica totalmente atento ao que Jesus irá lhe dizer, pois era um mistério que estava sendo revelado.

– Lúcifer, olhe em sua volta, isto é apenas um pedaçinho do Reino dos Céus onde estamos, mas repare que aqui há uma essência que você encontra em qualquer lugar do reino... Vamos, tente sentir essa essência.

Lúcifer começou a olhar lentamente para cada lado tentando sentir essa essência da qual Jesus falava.

Jesus lhe disse:

– Vamos Lúcifer! Tente sentir, se for necessário feche os olhos!

Lúcifer fechou os olhos tentando ficar mais sensível para o que Jesus queria lhe mostrar, abriu um pouco os braços para se entregar a essa sensação. Depois de algum tempo, começou a sentir uma sensação, a mesma que tinha sentido quando havia observado o poder em sua volta, sentiu seu corpo energizado, fortalecido e uma grande paz. Abriu os olhos e olhando para Jesus respondeu:

– Esta é a mesma sensação que senti ao observar o poder em minha volta.

– Isso mesmo! Esse poder que você acaba de sentir é a Glória do nosso Pai que se encontra em cada lugar deste Reino dos Céus. Devido a essa Glória que o Reino dos Céus é tão belo assim; observe que do próprio reino, de qualquer lugar, emana luz e essa luz vem do nosso Pai devido a sua Glória.

– Mas por que nosso Pai nunca falou isso antes para nós? Dessa sua Glória que se encontra em cada lugar do Reino dos Céus

– Nosso Pai quer que todos tentem descobrir os mistérios do Reino dos Céus. E posso lhe contar algo mais.

Lúcifer atento a Jesus diz:

– Sim! Diga-me.

Jesus olhou bem nos seus olhos e disse:

– No Reino dos Céus e no nosso Pai, há muitos mais mistérios para ser descobertos do que você possa imaginar!

Lúcifer ao ouvir isso, ficou pensativo ao perceber que a Glória de Deus se encontrava em cada lugar do Céu e disse:

– Observei não só em mim, mas também em outros seres, que, além dessa Glória que nos rodeia, recebemos mais ainda quando fazemos alguma obra para Deus.

– O que acontece Lúcifer é que você esta atraindo mais dessa Glória e Poder para si, quando toma uma boa atitude. E pelo fato de você ter observado isso, significa que você está além dos demais.

– Jesus, quando vejo que essa Glória vem sobre mim, parece que os meus poderes aumentam de uma forma surpreendente, e sinto como se o meu corpo fosse explodir de tanto poder.

– Lúcifer, a Glória do nosso Pai é muito poderosa, repare que ela só fica em sua volta, não toma todo seu ser.

– Jesus, mas eu não quero apenas isso!

Quando Jesus ouviu isso de Lúcifer levantou suas sobrancelhas e disse:

– É mesmo Lúcifer, então o que você deseja mais?

– Eu desejo devolver essa Glória para Deus, pois não é minha essa Glória, mas o problema é que eu não sei como fazer isso. Agora que sei que esse Poder é a Glória de Deus, então eu devo devolvê-la.

– Mas Lúcifer, se essa Glória esta sendo atraída até você, por que devolvê-la?

– Por que o que eu faço, não é por minha capacidade, mas pela Glória que é do meu Pai e essa Glória não é minha é Dele. Gostaria, também, que todos que me seguem, fizessem o mesmo.

Jesus deu um leve sorriso diante do que ouviu de Lúcifer, dessa sua atitude de um verdadeiro adorador; pôs sua mão em seu ombro e afirmou:

– Meu amado querubim, se esse é seu desejo então faça e surpreenda nosso Pai. Eleve a todos a esse grau de entendimento que você chegou e saiba, você irá conseguir esse seu propósito.

– Mas como conseguirei?

– Você é rico em sabedoria, descubra como, você é capaz disso.

Lúcifer, ao ouvir isso sorriu. Jesus lhe incentivou nesse propósito de devolver a Glória devida de Deus e elevar todos a um patamar superior no louvor.

Ficaram mais um pouco tempo nesse jardim conversando e reparando na beleza dele. Depois de algum tempo retornaram com os demais.

Capítulo VI

A Melhor Oferta

Estava Ayla instruindo os anjos e os querubins enquanto Lúcifer não chegava. Micael e Rafá também auxiliavam na organização das músicas e Ayla os orientavam, dando-lhes instruções e opiniões de como ficaria melhor.

Micael se aproximou de Ayla e disse:

– Já faz tempo que Jesus saiu com Lúcifer.

– É verdade! Mas muita coisa importante deve estar sendo dita a Lúcifer, pois Jesus sabe bem o que faz.

– Concordo! Como vai o seu grupo?

– Estamos indo bem; Micael você está conseguindo que toquem os novos instrumentos.

– Sim...

A conversa entre os dois foi interrompida por Rafá que disse:

– Olhem! É o Lúcifer.

Vinha voando tranquilo e com uma expressão serena que transmitia paz a todos, quando chegou disse mansamente:

– Olá a todos.

Micael, Ayla e Rafá foram ao seu encontro e se abraçam felizes. Todos ao verem Lúcifer param com seus afazeres. Lucifer caminha entre todos e conta tudo o que aconteceu; relatou tudo o que Jesus lhe disse.

Ao ouvirem o relato, ficaram surpresos com as palavras que Lúcifer ouviu de Jesus, mas o que mais surpreendeu a todos foi saber que no Reino dos Céus há mais mistérios do que se imagina.

Lúcifer também contou o que observou no Reino, a Glória que rodeia a todos. Todos se olhavam, mas ainda não conseguiam enxergar essa Glória, pois passava despercebida; porque era um fato tão comum, no Reino dos Céus, que ninguém reparava nesse grande detalhe, de visualizá-la quando conseguiam atrair a Glória de Deus para si. Alguns não conseguiam ouvir o que Lúcifer dizia, pois eram milhares de seres espirituais. Lúcifer foi para um local mais alto onde se faziam os ensaios, de forma que todos pudessem visualizá-lo e ouvi-lo.

Ao chegar nesse local, moveu lentamente as mãos por cima do chão surgiu uma bela esfera que flutuou até a altura da sua boca. Aquele objeto era uma espécie de microfone feito da mesma tecnologia utilizada no Rochedo da Adoração; para que o som fosse ouvido por todos. Lúcifer voltou a repetir o que já havia dito. A expressão de todos era de felicidade misturada com surpresa ao ouvir os mistérios do Reino dos Céus.

Lúcifer continuou falando:

– Um desses mistérios que eu observei é a Glória de Deus que nos rodeia quando fazemos algo bom para a Santíssima Trindade. Se vocês olharem para si, tentem enxergar o Poder em volta de vocês.

Cada um começou a olhar ao seu redor, mas não conseguia enxergar esse poder que Lúcifer dizia que existia.

Lúcifer volta a falar:

– Vocês não conseguem. Não é mesmo? Para sentir e visualizar quero que cada um entoe o melhor louvor para Deus, esqueçam por alguns momentos quem está do seu lado e façam a melhor oferta, o melhor louvor.

Todos começaram a louvar a Deus individualmente. Começaram a levantar suas vozes em adoração. Aquele momento foi sublime para cada um, pois todos estavam tentando sentir esse Poder e visualizá-lo. A felicidade tomou conta daquele lugar.

Em pouco tempo, Lúcifer começava a ver que a Glória de Deus estava invadindo o lugar. Com grande emoção disse a todos:

– Meus amados seres espirituais, a Glória de Deus já está aqui, tentem ficar sensíveis à sensação do Poder que os toma; vamos, sintam esse Poder. Lentamente um a um foram percebendo aquele Poder que os tomava e que antes passava despercebido.

Alguns gritavam:

– Essa que é a Glória de Deus!

– Durante muito tempo eu a senti, mas não sabia que vinha da Glória do nosso Pai!

– Mas que grande Poder!

Lúcifer, ao perceber que todos conseguiram ficar sensíveis a essa sensação, disse:

– Agora, meus amados, tentem visualizar essa Glória.

Todos começaram a se olhar, demorou pouco para que começassem a ver esse Poder em volta de sí, a Glória de Deus. Foi um grande momento de felicidade, pois todos foram elevados a um patamar superior e começaram a compreender melhor os mistérios que rodeiam o Reino dos Céus. Não foi demorado elevar o grupo de Lúcifer a esse nível. Depois que o primeiro descobriu o caminho desse tesouro ficava muito mais fácil para os outros o encontrarem também. Depois de uma boa orientação, o grupo de Lúcifer se tornou um grupo extremamente poderoso.

Lúcifer então disse:

– Esse é um grande momento para todos nós, mas ainda não acabou, pois essa Glória não é nossa e do nosso Pai e nos iremos devolvê-la.

Muitos se perguntavam:

– Mas como iremos devolver essa Glória a Deus?

– Agora que aprendemos a visualizar esse Poder. Como iremos devolver essa honra para o nosso Pai?

Lúcifer, com um leve sorriso no rosto, respondeu:

– Eu não sei como, mas é isso que nós vamos descobrir.

Surgiu esse desafio para ser superado e mais, quando o superarmos, esta será nossa maior oferta a Deus.

Ao ouvir essas palavras, principalmente "desafio", todos ficaram entusiasmados, pois agora era hora de encarar mais uma nova situação; oferecer para Deus aquela que seria a melhor oferta.

Lúcifer pegou um instrumento semelhante a uma guitarra e foi para o alto da torre do seu palácio, queria ficar só e tentar uma forma de superar o desafio. Os demais pareciam crianças diante de um novo brinquedo, pois agora conseguiam vê a Glória de Deus e também percebiam que quando essa Glória ficava em sua volta, seus poderes aumentavam, a disposição de todos se revigorava e o entusiasmo aumentava muito como se pudessem fazer milhares de tarefas ao mesmo tempo sem se cansar. Enquanto muitos se alegravam em relação a esta descoberta, usando seus poderes uns com os outros num grande momento de comunhão, dois seres espirituais queriam ir além: Lúcifer e Ayla.

Lúcifer ficou por muito tempo em sua torre. Ayla ficava em meio de todos, analisando como aquela Glória se comportava.

Observou que essa Glória apenas ficava em sua volta, mas não tomava seu ser por completo. Ayla pensava consigo mesmo: *"Se essa Glória fica em nossa volta, se nós podemos atraí-la até nós, podemos então, manipulá-la como um Poder e esse Poder podermos ofertá-lo. Mas como fazer isso?".*

O tempo passava e o grupo de Lúcifer já estava em seus afazeres como antes, mas uma pergunta sondava a todos: "Como ofertar *esse Poder de volta a Deus?".*

Lúcifer já estava indo além em suas perguntas: *"O que iria acontecer quando conseguisse ofertar essa Glória a Deus".*

Muito tempo se passou, e as respostas estavam mais próximas do que esperavam. Todos os seres continuavam fazendo seus ensaios o melhor que podiam. Podia se perceber que durante os ensaios o clima havia ficado diferente, todos se empenhavam ao máximo para atrair a Glória de Deus.

O ambiente entre eles era ótimo. A espontaneidade de todos fugia do que foi combinado, mesmo assim o som saia perfeito.

Ayla estava se entregando ao máximo naquela Glória, foi então que abriu os braços e sem perceber, seus poderes começaram a se misturar com os poderes de Deus. Aquele fenômeno começou a emitir uma luz dourada linda, um aroma que tomou conta de todo aquele lugar; todos começaram a prestar atenção em Ayla.

Lúcifer observava tudo de longe, extremamente surpreso diante do que estava vendo. Foi então que Ayla começou a erguer os braços lentamente, liberando esse grande Poder essa Glória; nesse mesmo instante, uma energia dourada saiu do seu corpo indo ao palácio de Deus. Todos acompanhavam com espanto aquela bela energia. Aquela energia foi até o palácio de Deus, onde Ele se encontrava sentado em seu trono ouvindo os louvores de outros seres espirituais. O momento do louvor foi interrompido por aquela energia que invadiu o palácio chegando até Deus como um suave incenso.

O aroma que tomou conta de todo o palácio era maravilhoso. Deus suspirou ao sentir aquela bela oferta que chamou a atenção, não só Dele, mas a de todos que estavam ali presentes.

Deus disse:

– Foi maravilhosa a oferta, mas ela não veio daqui.

Olhando na direção do palácio de Lúcifer Deus disse:

– Vamos até lá.

Todos estavam atônitos diante do que aconteceu; muitos se aproximaram de Ayla parabenizando pelo que fez e lhe perguntaram como conseguiu tal proeza. Naquele momento, todos sentiram a presença de Deus ali. Estava acompanhado de Jesus e Espírito Santo.

Então, Deus perguntou:

– Quem foi que ofereceu essa ótima oferta?

Lúcifer, sorrindo, disse:

– Pai, foi Ayla. Essa oferta veio daquele serafim.

Deus se aproximou de Ayla e lhe disse:

– Foi maravilhosa sua oferta, você conseguiu atrair minha presença até aqui, para ver quem foi responsável por essa ótima oferta.

Ayla sorrindo lhe respondeu:

– A intenção era lhe oferecer o melhor e estou vendo que consegui mais do que esperava.

Jesus afirmou:

– Sim! Você conseguiu.

Foi ótimo aquele momento, quando Deus honrou todos com sua presença. Ayla notou que, depois que fez a Deus sua oferta, seus poderes continuaram como antes, mas a Glória de Deus foi atraída mais ainda para esse serafim.

Capítulo VII

Honra Quem Merece Honra, Glória a Quem Merece Glória.

Muito tempo se passou depois da atitude de Ayla, houve uma grande revolução no louvor, pois começou a ensinar a todos como tinha conseguido tal proeza. Todos conseguiram surpreender à Santíssima Trindade. O grupo de Lúcifer ficou mais ousado e destemido e isso agradou muito a Deus.

Em pouco tempo, os líderes faziam ofertas especiais para Santíssima Trindade. Todos estavam reunidos no palácio de Deus, eram milhares de líderes. Miguel, o arcanjo, liderava um grande grupo responsável pelas magníficas obras do Reino dos Céus; Deus lhe deu um grande dom de sabedoria. Miguel, junto com sua equipe, multiplicou esses dons fazendo belos trabalhos com os diamantes, pérolas, rubis, ouro. Tudo que os seres espirituais possuíam era proveniente de Deus; todos os dons que possuíam tinham a incumbência de se multiplicar. Todas as mais belas obras eram feitas por seu grupo, havia outras equipes responsáveis, mas era Miguel quem arquitetava tudo.

Miguel e seu grupo ofertaram o melhor; armaduras, feitas diligentemente nos mínimos detalhes.

Alguns usavam as armaduras, como eram produzidas em grande quantidade, outras eram ofertadas a Deus. Jesus acompanhou o processo de fabricação daquelas armaduras, foi uma emoção muito grande para Ele. Olhando para Miguel, com olhar de satisfação, balançou a cabeça e disse:

– Ficou ótima sua oferta, foi perfeita.

Miguel, vestido com a armadura, ao ouvir essas palavras ficou muito feliz e se ajoelhou perante ele, estendeu as mãos e delas saiu uma energia verde belíssima que exalava um aroma muito agradável, tomando todo o palácio. Essa foi uma das melhores ofertas que a Santíssima Trindade recebeu. Logo após veio Shava, oferecendo seu melhor louvor a Deus.

Todas as ofertas eram dadas à Santíssima Trindade com música e dança. Shava estende as mãos para lhes ofertar uma energia vermelha, muito brilhante e grande que saiu das suas mãos; ela também exalava um aroma agradável, diferente daquele que Miguel ofertou.

Líderes vinham ofertando o melhor de cada um, com os dons que cada um possuía dos ministérios que estavam sobre suas responsabilidades.

Chegou a hora de Lúcifer; não estava tocando nenhum instrumento, veio voando, sorrindo e olhando para Deus que estava sentado em seu trono. Ficou parado no local onde são feitas as ofertas; estendeu suas mãos e disse:

– Meu Senhor e Pai, eu não tenho nada que ofertar senão meus dons e os meus poderes para ti, pois é por meio destes dons e destes poderes que o Senhor me deu, que tenho feito tudo para lhe agradar.

Uma imensa energia brilhante se formou em suas mãos. O brilho era intenso. As cores iam mudando, eram cores lindas. O aroma era inigualável.

Essa oferta foi muito boa para Deus. Lúcifer ofereceu seus próprios dons e seus poderes. Deus ficou muito agradecido, levantou-se do trono em honra a todos e disse com sua poderosa voz que se estendeu por todo o imenso palácio e até além dele:

– Meus filhos, todas essas ofertas, foram perfeitas e muito agradáveis, eu amo todos vocês. Assim como vocês me honraram com suas melhores ofertas, eu também irei honrá-los com Poder e Glória, quero que todos vocês se separem em grupos, vou dar poderes e Glória; aos principados primeiro e depois a cada um dos seus seguidores.

Foram se aproximando de grupo em grupo. Quem começou a ser honrado foi Shava, um dos principados do louvor.

Deus, ainda em pé, olhou nos seus olhos e disse:

– Shava, eu tenho te acompanhado e vi toda sua dedicação, seu empenho e amor para me agradar, por isso eu lhe concedo *Poder e Glória.*

Deus estendeu suas mãos na direção de Shava, uma energia saiu delas indo ao seu encontro. Esse Poder estava rodeando seu corpo e aos poucos o corpo de Shava foi ficando cada vez mais forte, seus poderes aumentaram consideravelmente. Shava, durante esse processo, gritava muito, não era pela dor que sentia, mas devido a tanto Poder que estava recebendo, podia se observar que as energias saltavam do seu corpo. Quando Deus acabou de lhe dar o Poder, seus gritos cessaram.

Deus deu um sorriso e olhou para os demais e disse:

– Vocês que são liderados por esse principado, com tanto empenho e amor, com o intuito de me agradar, Eu lhes dou *Poder e Glória.*

Um Poder também veio sobre cada um dos que eram liderados por Shava e esse Poder os enchia da Glória de Deus. O Poder que receberam não era semelhante ao de Shava, ele era um principado, mesmo assim os poderes eram imensos.

Chegou o arcanjo Miguel. Deus olhou com satisfação.

– Meu amado arcanjo. Você, com os demais seres espirituais, com grande dedicação, fez essas armaduras, lhe dei sabedoria e entendimento; você orientou cada um de forma sábia como deveria ficar o tamanho de cada obra, além de ter ofertado essas belas armaduras; vi tudo isso, vi todo seu empenho, por isso lhe dou *Poder e Glória.*

Deus estendeu suas mãos e enviou um grande Poder a Miguel junto com uma névoa dourada que cobriu todo o seu corpo.

Miguel foi ficando forte e poderoso.

A energia sobre Miguel parecia maior da que foi sobre os outros honrados. Todos ficaram felizes com a honra que Deus deu a Miguel. Depois de ter recebido todo esse Poder, ergueu as mãos para o alto e gritou feliz pelo o que aconteceu, liberando um pouco de Poder.

Deus olhou para todos que estavam abaixo das ordens de Miguel e disse-lhes:

– Vocês, todos vocês; anjos, arcanjos que juntos com Miguel fizeram as melhores obras, fizeram magníficas estruturas. EU também lhes concedo – Deus aumenta o tom de voz – *Poder e Glória!*

Estendeu suas mãos para os seres espirituais e cada um recebeu Poder e Glória de Deus. Todos estavam felizes com os seus novos poderes, com o reconhecimento do Todo Poderoso. Deus foi honrando um a um, cada grupo, cada equipe e tudo isso ocorria em meio a muita música e dança de cada grupo que já haviam sido honrados.

Chegou o momento de Lúcifer com os seus liderados. Lúcifer se colocou no local onde os líderes estavam sendo honrados.

Deus olhou para cada um e disse:

– Lúcifer, eu quero primeiro que se aproxime o grupo que você lidera, depois você.

Lúcifer balança a cabeça levemente deu um sorriso e respondeu:

– Assim seja meu Pai.

Lúcifer se afastou e o grupo se aproximou, colocando-se no lugar onde todos eram honrados.

Deus olhou para o grupo e disse:

– Todos que aqui estiveram, fizeram o melhor que puderam e me emocionaram muito. Mas vocês conseguiram ir além, vocês chamaram a minha atenção. Ayla, por meio das orientações de Lúcifer, você conseguiu revolucionar o louvor no Reino dos Céus, por isso eu lhe dou parte, uma pequena parte, do grupo de Lúcifer para que você lidere.

Ayla ao ouvir essas palavras ficou extremamente feliz, não esperava que fosse se tornar mais um líder de grupo no Reino dos Céus. Lúcifer estava extremamente feliz por Ayla, pois conseguiu um patamar superior do que o esperado por Deus.

– Continuando, vocês me surpreenderam e atraíram minha presença. E por isso eu darei a vocês o que dei aos outros e mais um pouco, de *Poder e Glória*.

O brilho que era emitido para esse grupo, era intenso e de muita energia. Eles não conseguiam se conter de alegria com tanto Poder. Suas forças se multiplicaram sobremaneira. Os seus tamanhos chegaram a aumentar, todos estavam olhando admirados aquele momento glorioso. Quando todos acabaram de ser agraciados com mais *Poder e Glória* de Deus, pareciam diferentes, pareciam mais imponentes. Todos, sem exceção glorificaram Deus por essa dádiva. Deus recebendo aquele louvor deles fixou os olhos em Lúcifer e lhe disse:

– Venha! Chegou sua hora.

Sorrindo, porém apreensivo, se aproximou pensando o motivo de ter ficado por último. Estava calmo sabendo, no seu interior, que Deus sabia o que estava fazendo. Deus estava com um leve sorriso no rosto e muito misterioso. Todos os seres espirituais estavam desejosos por saber qual era o plano de Deus para Lúcifer. Até que o Todo Poderoso disse as seguintes palavras:

– Você me amou acima de tudo, fez com que seus irmãos, os que estão sendo liderados por você, se tornassem mais ousados, com mais atitude para chamar minha atenção. Em razão das orientações que deu para Ayla, olha o que aconteceu no Reino dos Céus. Isso me agrada, pois gosto de seres de atitude e ousadia. Por isso, Lúcifer, eu te nomeio Meu querubim ungido.

Quando Deus disse essas palavras, todos, no Reino dos Céus ficaram admirados com a honra que Deus havia concedido a Lúcifer. Ninguém ficou com inveja ou algum sentimento contra aquela honra que estava recebendo, muito pelo contrário, todos ficaram felizes, pois sabiam que era merecido.

Espírito Santo colocou dois dedos nesse óleo perfumado, viu Lúcifer e se transportou para sua frente, olhou nos seus olhos e com uma voz doce e suave disse:

– Honra a quem merece honra; Glória a quem merece Glória. Você agora é um querubim ungido de Deus.

Enquanto Espírito Santo falava com Lúcifer, ungia sua cabeça passando os dedos, deixando uma marca dourada em sua testa. Quando acabou se transportou para o seu lugar ao lado de Deus. Lúcifer teve a sensação de ter tido mais unção de Deus sobre si.

Deus prosseguiu na sua fala:

– Meu amado querubim, eu deixei você por último, pois gostaria que todos vissem a honra que eu irei lhe dar. Você se dedicou muito a mim, se empenhou em tudo, auxiliou seus amados irmãos. Portanto, o Poder que dei aos líderes e a Glória que dei a cada um, eu lhe dou em dobro. Portanto, seja cheio de Poder e de Glória.

Uma poderosa névoa cobriu Lúcifer, e começou a gritar, devido a grande quantidade de Poder e Glória que vinha sobre seu corpo. As energias que saíam do seu corpo eram imensas. O brilho era intenso, parecia que aquele momento não tinha fim. Agora o *Poder e a Glória* lhes eram dados em dobro.

Todos olharam para Lúcifer, as músicas ainda continuavam sendo tocadas; todos viram que ele estava maior, com mais imponência e muito mais forte.

Deus continuou a dizer:

– Ainda não acabou. Eu agora lhe dou virtude em tudo que fará.

Outra névoa de cor belíssima saiu das mãos de Deus indo para Lúcifer. Essa névoa entranhou em seu corpo. Quando aquela névoa invadiu seu ser, Lúcifer fez um leve gesto com as mãos e delas saíram sons. Ayla que estava com os outros testemunhando aquele belo momento disse, extremamente feliz, para Micael:

– Você viu e ouviu isso?

– Sim! Lúcifer está recebendo o que merece.

Deus continuou:

– Ainda não acabou, falta a última honra. Vou lhe conceder o melhor: portanto, eu determino que você seja quase a minha imagem e semelhança.

Quando Deus liberou essa palavra sua face começou a se modificar, sua aparência foi tomando forma humana, não por completo, o tom da sua pele era um azul claro e belo, possuía quatro orelhas que ficavam duas acima da sua cabeça e outras duas de cada lado. Essa foi à melhor honra que qualquer ser espiritual poderia receber. Agora Lúcifer era um dos mais belos seres espirituais do Reino dos Céus.

Capítulo VIII

O Grande Sonho

Muito tempo se passou depois deste evento. Durante esse tempo, Deus teve um grandioso sonho, realizar uma criação diferente dos seres espirituais e que habitaria em outro lugar. Deus compartilhou desse grandioso projeto com Jesus e Espírito Santo que se propuseram a lhe ajudar. Sem demora, Deus começou a trabalhar, fez uma imensa maquete, com sua riquíssima sabedoria e utilizando a alta tecnologia existente no Reino dos Céus. Fazia cada detalhe de cada ser vivo, do local onde viveriam todo o esboço dessa obra era feito numa espécie de holograma. Deus tratava com sabedoria cada substância que iria criar cada componente que seria necessário para cada ser vivo que criaria. Utilizava cálculos complexos e variados componentes químicos. Preocupou-se com o ambiente e com o que cada ser vivo precisaria para sua existência, os componentes necessários para a realização de cada função do seu organismo, as substâncias químicas necessárias para que cada ser se mantivesse vivo. Tudo era feito nos mínimos detalhes; cada órgão, cada sistema respiratório, cada célula, a função dos órgãos e das células, os tipos de seres vivos que iriam habitar aquele local que Deus queria criar. Houve uma preocupação com cada espécie de seres vivos. Criou a espécie segundo seu habitat, adaptou cada um deles em cada lugar que viveria.

Jesus estava muito entusiasmado com tudo aquilo. Toda aquela obra era perfeita nos seus mínimos detalhes; Jesus não estava empolgado apenas pelas obras dos seres vivos, mas por que tudo estava sendo feito para seu irmão, cujo nome seria Adão. Jesus saiu e se transportou para o lugar onde Lúcifer se encontrava, estava em seu palácio orientando os que acompanhavam um novo tipo de louvor, um novo som. Todos, ao sentirem a presença dele no palácio, se ajoelharam. Jesus sorridente saudou a todos, chegou bem próximo de Lúcifer e disse:

– Venha comigo, quero lhe mostrar o que estamos realizando no palácio do meu Pai.

Lúcifer olhou para Micael e chamou Rafá:

– Jesus está solicitando minha presença no palácio de Deus. Quero que vocês fiquem responsáveis na minha ausência. Sei que vocês são capazes e confio em cada um de vocês.

Micael respondeu:

– Vá na paz. Nós ficaremos responsáveis.

Jesus transportou Lúcifer para dentro do palácio de Deus, mas não onde ocorriam os louvores e sim dentro de uma sala isolada do palácio. Nesse lugar, Lúcifer viu cada um dos projetos de Deus, sem exceção.

Lúcifer perguntou a Jesus:

– Quem são esses seres?

– Esses seres que você está vendo chamam-se animais, eles habitarão um planeta que o meu Pai criará para eles.

– Jesus, eu pude perceber que alguns destes animais têm a aparência de alguns seres espirituais.

– Nosso Pai quis honrá-los mais uma vez a cada um, por isso ele colocou a aparência de vocês em alguns desses seres vivos. Venha comigo, tenho mais projetos pra lhe mostrar.

Foram andando em meio aqueles hologramas dos seres viventes. Alguns destes hologramas tinham o tamanho real de um ser vivo. Lúcifer ficava admirado com o tamanho daqueles seres, cada espécie era diferente. Quando terminaram de ver todas as formas de vida que iriam ser criadas entraram em outra seção onde só havia hologramas das vegetações desse planeta. Plantas, uma mais bela que a outra, flores lindas, não chegavam a se comparar com as do Reino dos Céus, mas era bom contemplar cada uma.

Lúcifer perguntou:

– O nosso Pai irá fazer esse planeta com base nesses hologramas?

– Sim! – respondeu Jesus – Tudo o que você está vendo, foi pensado e planejado por Ele nos seus mínimos detalhes; tudo o que esses seres irão precisar para se manter vivos. Eles serão diferentes de nós. Eles possuirão corpos físicos limitados e matéria. Tudo isso que o nosso Pai está fazendo é em prol de uma criação perfeita. Toda essa obra é por causa de um ser, o ser humano. Venha, eu quero lhe mostrar.

Jesus e Lúcifer foram mais ao interior dessa seção, ainda em meio aos hologramas das vegetações. Para cada vegetação havia um holograma mostrando detalhadamente cada espécie. Na medida em que eles andavam, entravam em outra seção onde se podiam ver os planetas, as constelações, onde havia bastante cálculos complexos, havia mais números ali do que em qualquer outra seção.

Jesus guiou Lúcifer em direção a um planeta. Apontando para o planeta disse:

– Está vendo este planeta azul? É aqui que eles irão viver.

Lúcifer olhou para o holograma daquele planeta e ficou admirando sua beleza por alguns segundos. Jesus o interrompeu dizendo:

– É belo!

Lúcifer olhou admirado para Jesus e respondeu:

– É magnífico.

Jesus disse:

– Você vê que a maior parte é azul, isso devido à água que fará parte desse planeta. É nessa pequena porção que eles irão habitar. Venha, quero lhe mostrar o ser humano.

Enquanto eles andavam entrando em outra seção, Lúcifer observou que havia uma escultura feita em ouro que flutuava. Jesus aponta para aquela escultura e disse:

– Aqui está o ser humano, mais especificamente o homem, o meu irmão Adão.

Lúcifer observou aquela escultura do homem e disse:

– Jesus, um detalhe me chamou a atenção, ele não tem rosto?

Jesus disse:

– Sim, é verdade, ele não tem rosto. Meu Pai tem em mente como deverá ser seu rosto, deixa para fazer quando estiver tudo pronto... Então, o que você achou?

– É tudo admirável. Adão irá gostar do lugar onde vai habitar ?

– Sim, ele vai. Vamos! Eu vou lhe acompanhar até seu palácio.

Antes de saírem do local onde se encontrava a escultura de Adão, Lúcifer deu uma última olhada para trás, observando bem aquela escultura, analisando os detalhes e depois saiu.

Terminado de ver tudo, eles saíram da sala onde Deus estava planejando a grande criação.

Capítulo IX

Utilização do Poder

Lúcifer retornou ao seu palácio, não se transportou até lá, pelo contrário, foi voando até chegar ao local.

Durante esse percurso, muitos pensamentos vieram à sua cabeça, lembrando-se de tudo que Jesus lhe mostrou e tudo que lhe havia dito.

Lúcifer pensou que presenciaria mais um pouco do Poder de Deus e seria testemunha do Poder de criação do Todo Poderoso. Estava ansioso por esse momento, pois agora esse querubim ungido veria o Deus Todo Poderoso criando um novo Universo.

Ayla, que agora estava liderando o seu grupo, saiu do seu palácio onde estava ensaiando um novo som, olhou para o alto e viu ao longe Lúcifer vindo. Reparou também que estava diferente. Prontamente, foi em sua direção e lhe disse:

– Lúcifer. O que houve?

– Estou totalmente sem palavras diante de que ouvi e vi. Jesus me mostrou o projeto de Deus. É colossal esse projeto.

– E o que é Lúcifer? – perguntou Ayla.

– Infelizmente não posso falar. Jesus pediu para que eu não conte a ninguém, no momento certo Deus falará para todos.

Ayla balançando a cabeça respondeu:

– Tudo bem!

– Como estão as suas músicas? Os ensaios?

Ayla respondeu feliz:

– Estão ótimas, será diferente de tudo que foi tocado no Reino dos Céus.

Lentamente foram aterrissando e conversando. Lúcifer retornou ao seu palácio e Ayla retornou para o seu.

Chegando ao palácio, Lúcifer olhou para todos e disse:

– Eu quero parabenizar cada um de vocês, pois estão mais ousados, mais destemidos e com Poder para tocar para Deus, Jesus e Espírito Santo. Não irá demorar muito, logo chegará o nosso momento de cantar, tocar e dançar para a Santíssima Trindade. Lembrem-se da atitude de Ayla quando trouxe Deus para cá; o quanto ele ficou feliz. Isso que vamos fazer no Rochedo da Adoração, só que desta vez melhor. Deus deu poderes para cada um de nós, portanto, iremos fazer uso deles.

Quando Lúcifer terminou de falar todos deram brados de vitória; todos estavam voltados para o mesmo objetivo; com a mesma intenção de Lúcifer, fazer o melhor.

Muitos grupos de adoração entoaram louvores para Deus.

Chegou a hora do grupo de Lúcifer que ficou no Rochedo da Adoração, na ala do centro.

A forma como entraram foi bem diferente das vezes anteriores, todos pararam para ouvir o que estava sendo tocado.

Lúcifer começou a cantar em vez de tocar, sua voz impactou tanto a Deus quanto aos que estavam ouvindo, uma voz serena e contagiante, convidava a todos para dançar. Alguns pulavam, outros dançavam ou, simplesmente, balançavam as mãos em adoração à Deus.

A unção de Deus já estava naquele local, isso fez com que as músicas tocadas pelo grupo de Lúcifer se intensificassem mais. Um novo som estava sendo entoando para a Santíssima Trindade, um novo ritmo que todos quiseram ouvir.

Quanto mais o louvor ia para Deus, mais da sua unção e da sua Glória ia para cada um. Todos, cada vez mais, atraiam a Glória de Deus para si. Muitos expressavam um louvor espontâneo, outros, do Rochedo da Adoração, acompanhavam o ritmo. Era tudo harmonioso.

Deus, feliz em aquele momento, se levantou do seu trono, ergueu os braços para o alto, os balançou lentamente de um lado para o outro. Uma névoa saiu das suas mãos; Espírito Santo rapidamente puxou a névoa com as duas mãos, olhando para todos deu uns passos à frente e de um salto tornou-se uma névoa azul linda e brilhante. Aquela névoa envolveu cada um, renovando os ânimos, trazendo uma alegria contagiante que aumentava gradativamente, expandindo-se por todos os lados. A expansão foi chegando às alturas, até chegar aos rochedos das adorações. Quando essa névoa energizada chegou até Lúcifer, todo seu ser foi tomado.

No auge de uma grande alegria e empolgação, liberou seus poderes... Conscientemente, tirou todo seu grupo do chão, elevando-os até uma determinada altura. Os que foram elevados começaram a conversar entre si dizendo:

– É Deus ou Espírito Santo que está fazendo isto?

– Olhem, vejam que esse Poder vem de Lúcifer!

– É Lúcifer que está fazendo isso!

– Vejam o Poder de Lúcifer!

Aos poucos, seu Poder foi expandindo para o grupo que estava no Rochedo da Adoração da esquerda e da direita e começou a erguer cada um.

Todos estavam surpresos com o Poder que Lúcifer possuía, era enorme e, ao mesmo tempo, assustador.

Suspendeu, também, os que estavam fora e alguns que estavam embaixo do Rochedo da Adoração.

Pouco a pouco, aquela névoa foi retornando ao seu lugar e tomando a forma que Espírito Santo possuía. Jesus olhou para aquela cena e ficou feliz. Ele olhou feliz para o seu Pai, a emoção que sentia foi interrompida pela expressão que Deus demonstrava. Sua expressão não era de felicidade, Ele tinha uma expressão de quem estava analisando toda aquela situação.

Jesus, por alguns segundos, olhou para Deus e depois viu o momento em que Lúcifer suspendia todos no ar. Por alguns instantes voltaram suas atenções para Lúcifer.

Enquanto erguia os seres espirituais, Lúcifer observava que estava sendo admirado por todos, não por causa de uma nova música ou de um novo ritmo que tinha inventado, mas a admiração era pelo seu Poder. Parecia que o tempo havia ficado mais lento. Lúcifer começou a observar um a um e viu que estava sendo admirado, teve aquela sensação, por alguns segundos, de ser o centro de todas as atenções. Esse momento seria o bastante para afetar os seus princípios.

Lúcifer olhando para Deus percebe que sua expressão não era boa. Aos poucos, começou a baixar um a um, sem fazer muito esforço. Quando acabou de colocar todos em seus devidos lugares, os seres espirituais do seu grupo foram em sua direção dizendo:

– Lúcifer, o que você fez!

– Lúcifer! Deus lhe deu muito Poder!

– Você suspendeu todos nós!

Outros seres espirituais que estavam em outros rochedos também o parabenizaram.

Lúcifer, diante daquela situação que não estava agradando a Deus, ergueu sua voz e disse:

– Escutem todos. Tudo o que aconteceu aqui é para honra e Glória de Deus.

Quando acabou de dizer essas palavras, ergueu as duas mãos para o alto e uma energia dourada começou a se formar em suas mãos, foi o mesmo fenômeno que aconteceu com Ayla, então a liberou em direção a Deus. Naquele instante, pela primeira vez, Lúcifer reparou na Glória que deu a Deus.

Os grupos deram seu louvor para a Santíssima Trindade, depois entraram outros grupos de adoração e louvor. Nessa troca de grupos de adoração, Jesus utiliza sua onipresença para se transportar ao interior do palácio, Deus sendo onisciente e onipresente, foi até o local onde Jesus se encontrava.

– Filho! Sei o que você deseja falar comigo.

Jesus disse:

– Meu Pai, eu vi sua expressão, e é a primeira vez que o vejo daquela forma. Seu rosto estava com aquela expressão devido à atitude de Lúcifer? Por acaso, aquilo que o Senhor comentou comigo, está perto de acontecer?

Deus respondeu:

– Ainda não, porém o que ocorreu, foi apenas o início. O meu querubim ungido começou a ter consciência do Poder que eu lhe dei; viu que é grandioso esse Poder e magnífico, o pior foi quando esse querubim percebeu que todos o estavam admirando pelo que fez, sempre o admiraram também por entoar os melhores louvores, suas letras profundas e impactantes, o som ser o mais apreciado. Porém, naquele momento a admiração de todos foi pelo Poder que lhe dei e o uso dele, isso chamou muito a atenção de todos. Lúcifer, desta vez, criou no seu interior a curiosidade que, no futuro, se tornará em um desejo de roubar minha Glória.

Jesus sugeriu:

– A única atitude que podemos tomar, neste momento, meu Pai, é orientá-lo.

Deus respondeu:

– É verdade filho. Quero ver até onde vai o amor de Lúcifer e dos demais do seu grupo por mim. Por que se esse sentimento continuar crescendo no interior de Lúcifer irá se estender sobre os demais – Deus coloca a mão no ombro de Jesus e continua falando – por isso não vamos tomar nenhuma atitude agora.

Deus abraça Jesus para consolá-lo diante dessa nova situação; a possível chance de perde um ser querido.

CAPÍTULO X

Maus Pensamentos

Algum tempo se passou depois que Lúcifer usou seu Poder. Ainda muitos comentários vinham sendo feitos sobre o grande Poder que Deus lhe dera. Todos esses elogios e comentários dos seus feitos começaram a gerar em Lúcifer um desejo, esse desejo tomou por completo seu ser, tornando-se seu objetivo principal, o de torná-lo real. Era esse sentimento que invadia Lúcifer e aqueles momentos que passou no Rochedo da Adoração tiveram grandes consequências em seus pensamentos. Além desses fatores, os elogios dos demais sobre seus poderes, geraram uma pergunta em seu interior: *"Até onde vão os limites dos meus poderes".*

O grupo de Lúcifer estava no seu palácio cantando, tocando e ensaiando para fazer o melhor. Ayla foi até o palácio de Lúcifer, perguntou onde se encontrava e lhe disseram que estava sozinho na torre. Ayla se transportou até lá, ao chegar, observou que Lúcifer estava tocando um instrumento semelhante a uma guitarra e notou pela primeira vez que ele estava totalmente sem atenção no que estava fazendo, estava completamente distraído.

Ayla, diante daquela situação que Lúcifer apresentava, se aproximou e perguntou:

– O que houve Lúcifer? O que aflige seus pensamentos?

Lúcifer deu um sorriso sem graça e indagou:

– Está tão perceptível assim?

Ayla balançou a cabeça levemente e respondeu:

– Sim, está! O que houve?

Lúcifer:

– Lembra-se quando utilizei meus poderes e suspendi todos?

– Sim, me lembro, como posso esquecer aquele momento. Foi surpreendente ver você utilizar o Poder daquela forma. Todos comentam e vão comentar por muito tempo.

Lúcifer:

– É bom saber disso. Sabe o que mais tem me intrigado ultimamente? É saber até onde vão os meus poderes. Também me chamou muito a atenção; a Glória que dei para Deus.

Ayla sorrindo balançando a cabeça:

– Nisso não reparei, pois a Glória de Deus é a Glória de Deus.

Lúcifer:

– Eu sei, mas desta vez eu reparei nessa Glória, era diferente.

Ayla respondeu sem entender os pensamentos de Lúcifer:

– Diferente!? Mas que tipos de pensamentos são esses Lúcifer?

Lúcifer:

– São apenas curiosidades Ayla, apenas curiosidades.

Ayla com uma expressão de preocupação respondeu:

– Cuidado com essas curiosidades Lúcifer.

Lúcifer, com um ar de deboche, perguntou:

– Por que eu deveria ter cuidado?

Ayla:

– Eu não sei como te explicar, mas esse interesse em saber sobre seus limites de poderes, reparar na Glória de Deus. Cuidado para que essa curiosidade não venha gerar uma coisa não muito boa.

Lúcifer:

– Está claro Ayla, eu tomarei cuidado.

Aquelas lembranças que invadiam a cabeça de Lúcifer, não se manifestavam apenas sobre esse querubim, outros seres espirituais também se lembravam daquele acontecimento e se questionavam dos limites de seus poderes. Um deles era Miquéias, o auxiliar de Miguel.

Estavam os dois de frente ao Palácio de Deus conversando.

Miquéias disse:

– Miguel, aqui está o projeto de como ficará o Palácio de Deus.

Miquéias mostrou para o arcanjo Miguel um holograma do Palácio de Deus com as novas estruturas.

Miguel afirmou:

– São perfeitas essas colunas, os detalhes de cada pedra preciosa. A forma como você organizou o espaço dentro dele ficou perfeito. Eu reparei até mesmo do lado de fora, você fez algumas mudanças.

Miquéias:

– Fiz e o que alterei foram as entradas para o palácio de Deus.

Miguel:

– Ficaram ótimas. Não vamos demorar muito, vamos juntar os demais e começaremos logo com essas mudanças.

Miquéias:

– Sim claro! Mas poderemos usar os nossos poderes?

Miguel, ainda olhando para o holograma, respondeu:

– Claro que sim, mas vocês sempre usaram.

Miquéias:

– É verdade, mas, será que podemos usar todos os nossos poderes. O que quero dizer, usar os novos poderes que Deus nos deu.

Miguel parou de olhar o holograma, olha para Miquéias com um ar de dúvida e disse:

– Não estou entendendo Miquéias qual o seu propósito dessa pergunta, por acaso eu restringi em algum momento vocês utilizarem seus poderes, se tudo for feito para honra e Glória de Deus, não há motivo para se preocupar.

Miquéias:

– É por que eu penso no momento em que Lúcifer utilizou seus poderes, parecia que não estava fazendo muito esforço naquele momento, isso me fez pensar até onde vão os nossos poderes... São ilimitados?

Miguel o interrompeu dizendo:

– Sim, eles são! A partir do momento que você está na presença e vontade de Deus. Lúcifer fez aquela manifestação com seus poderes, creio que, devido aquele grande momento de adoração, quando Espírito Santo veio sobre todos em forma de uma névoa e, devido a alegria contagiante, fez com que liberasse todo seu Poder. No entanto, deu toda a honra e a Glória para Deus.

Miquéias:

– É verdade. Essa pergunta foi apenas, para saber até onde vão os nossos limites.

Miguel respondeu:

– Miquéias se quiser utilizar os seus poderes com o intuito de agradar a Deus, esteja livre para isso, mas tem que ser com essa finalidade e não para testar seus poderes.

Miquéias balançando a cabeça respondeu:

– Sim! Está bem. Essa pergunta foi apenas porque estive conversando com outros seres espirituais e assim como eu, todos ficaram admirados com o Poder de Lúcifer e começaram a se perguntar desses seus poderes também.

Miguel, estranhando esse comentário, respondeu:

– Tudo bem! Mas tome cuidado até onde vai esse seu desejo em conhecer seus poderes e se esquecer de quem os deu.

– Pode deixar! Eu terei.

Depois dessa conversa que Miguel teve com Miquéias, Miguel começou a pensar nas perguntas que aquele anjo fez, até então sem nenhuma intenção ou maldade, apenas querendo saber.

Que proporções tomaram aquela atitude de Lúcifer diante de todos; que consequências acarretariam no futuro?

Em que implica querer saber até onde vão os limites dos poderes de um anjo, arcanjo, querubim e serafim? Em nada! Porém se essa necessidade de querer saber seus limites se torna uma obsessão para querer aumentá-los, seguramente seriam capazes de fazer qualquer coisa, até mesmo tentar ser mais poderoso do que quem lhes deu esses poderes. E aí que começariam os problemas.

O Reino dos Céus é um lugar grandioso e imenso, Lúcifer encontrava-se bem longe de tudo e de todos. Ele estava num monte onde poderia avistar várias montanhas. Lúcifer fixou seu olhar em uma delas e pensa: *"Essa montanha é bem maior do que o Rochedo da Adoração. Vamos ver até onde vão os meus poderes; Se eles são ilimitados. ou não"*.

Lúcifer estendeu suas mãos para aquela montanha e começou a tentar erguê-la. No início, não utilizou muito Poder, achando que seria fácil, mas percebendo que não se movia e nem surtiu nenhum efeito, começou a aumentar seu Poder. O chão começou a tremer Lúcifer já estava no extremo de suas forças a tal ponto que começou a sair do seu corpo uma imensa energia e falando com muita dificuldade disse:

– LE-VAN-TA! VAMOS LE-VAN-TA!

O chão tremia mais, mais nada aconteceu. Tentou várias e várias, vezes sem êxito nas suas tentativas. Até que chegou num ponto em que estava extremamente cansado e disse:

– Eu não consigo, meus poderes são limitados. Eles são limitados.

De repente, sentiu uma boa presença e uma voz suave dizendo:

– Lúcifer.

Olha para trás rapidamente e vê que é Jesus. Prontamente se virou, ficou ajoelhado e disse:

– Meu senhor!

Jesus se aproximou de Lúcifer, segurou suas mãos e o levantou e disse:

– O que está fazendo aqui tão longe e isolado – Jesus disse com o tom de quem já sabia o que estava fazendo – Lúcifer fala sinceramente.

– Apenas utilizando os poderes dado por Deus.

Jesus:

– Mas... Com que intuito? – disse Jesus olhando para as montanhas.

Lúcifer.

– Só apenas para saber até onde vão meus limites.

– Lúcifer! Mas por que esse interesse agora de saber os limites dos seus poderes, por acaso não te agrada o poder e o patamar que conquistou no Reino dos Céus?

Lúcifer:

– Sim meu senhor! Agrada-me e muito, mas eu quero mais, e sei que Deus tem mais para me oferecer.

– Isso é verdade! Por que ao invés de você querer se isolar, vindo para o mais longínquo do Reino dos Céus, não se aproxima mais do nosso Pai. Por que se você sabe que ele tem mais para oferecer para você; nosso Pai também sabe que você tem muito para oferecer pra ele. Sabe o por quê? Ele sabe disso.

Lúcifer, fixando seus olhos em Jesus, balançou a cabeça e disse:

– Não! Eu não sei.

Jesus ficou na frente de Lúcifer e respondeu:

– Porque ele sabe do seu grande potencial. Não perca seu tempo testando seus limites de Poder, tentando erguer montanhas, ganhe tempo utilizando seus poderes tentando surpreender nosso Pai.

Lúcifer estava ouvindo atentamente o que Jesus dizia, quando, de repente, desviou sua atenção para o que começou a acontecer. O chão tremia sob seus pés. Olhando na direção das montanhas, viu que todas elas haviam sido erguidas por Jesus sem a menor dificuldade.

Lúcifer sorrindo ao ver aquela cena olhou para Jesus, que sorria com uma tranquilidade e paz. Jesus disse:

– Isso, meu querido querubim ainda é pequeno diante do que Deus tem para oferecer. Aproxime-se mais Dele, aproxime-se mais do que você já está, você tem intimidade para isso.

Lúcifer balançando a cabeça concordou com o que foi dito, olhou para Jesus e o abraçou dizendo:

– Sim meu irmão! Eu farei o que você diz.

Os dois retornaram para ficar próximo dos demais.

A ambição é um sentimento para ser utilizado para conquistar nossos objetivos, porém, quando essa ganância se excede, nossos alvos se tornam descontrolados, fazendo com que esqueçamos nossos princípios e a moral, assim não escutamos os bons conselhos que nos rodeiam, ou os deturpamos em nosso favor. Foi isso que aconteceu com Lúcifer. As belas palavras que Jesus disse, ficaram por pouco tempo no seu interior. Tudo o que ouviu não ia ao encontro dos seus propósitos. Esqueceu seus princípios e da visão de Deus como Pai. O que invadia seu interior era: *"Aproxime-se de Deus e conquistará mais Poder"*.

Capítulo XI

Atitudes Desnecessárias

Lúcifer já não se empenhava tanto no louvor como antes, pois dentro dele havia outro objetivo. Quem estava mais de frente se dedicando e se empenhando era Micael. Muitas vezes, Micael já viu Lúcifer distraído, pensativo, com o corpo presente, mas os pensamentos totalmente ausentes. Isso o intrigava muito. Lúcifer não se encontrava no seu palácio. Não estava nos ensaios. Em outras ocasiões, mesmo que estivesse distraído, mas estava ali; Micael prosseguiu seus afazeres com Rafá. Passado um pouco de tempo, um anjo se aproximou de Micael e lhe disse:

– Micael você estava à procura de Lúcifer?

Micael respondeu:

– Sim! Estou.

– Lúcifer está lá fora em frente ao palácio.

Micael foi até as entradas do palácio e viu Lúcifer do lado de fora olhando para o palácio, como se o estivesse analisando.

Micael se transportou para seu lado e lhe indagou:

– Lúcifer! O que você está fazendo aqui?

Lúcifer olhou para Micael e respondeu:

– Estou apenas pensando. Você já reparou que próximo do palácio de Deus há um espaço imenso.

Micael respondeu meio sem entender e perguntou:

– Onde ficam os jardins? Nunca reparei nesse detalhe. Por que essa pergunta?

Lúcifer voltou a olhar para o palácio e disse:

– Você acha que um palácio inteiro caberia lá.

Micael respondeu a pergunta sem entendê-la muito bem:

– Eu não sei! Como já disse, nunca reparei nesses detalhes o tamanho do espaço em torno do palácio. Miguel deve saber a resposta, já que arquiteta com o seu grupo todas as obras dos Céus.

– Eu acho que o meu palácio caberia lá.

Micael olhou com uma expressão de espanto para Lúcifer e disse:

– O que você disse?

– Eu colocarei meu palácio mais próximo do palácio de Deus.

– Mas por que você quer colocar seu palácio próximo do palácio de Deus?

Lúcifer virou-se rápido para Micael e disse:

– Micael – fala mais asperamente – entre logo no meu palácio!

Micael, sem entender, se transporta para o palácio e fica próximo das escadas onde podia ver Lúcifer.

Lúcifer estende as duas mãos para o palácio e começou a erguê-lo.

– O meu palácio é menor do que aquela montanha – disse com dificuldade e muito esforço – eu sei que vou conseguir erguê-lo.

Começou a se formar um grande tremor. Os seres espirituais que estavam próximos começaram a se aglomerar, entre esses seres estava o arcanjo Miguel e Miquéias. Com o seu

Poder, Lúcifer começa a erguer o palácio. 5, 10, 12, 17, 20, 30, 40, 50 metros do chão. Os seres espirituais que estavam no palácio saíram para ver o que estava acontecendo.

Lúcifer gritou para todos que estavam no palácio:

– Não saiam daí, continuem no palácio.

Aos poucos, Lúcifer vai movendo-o até o local pretendido. Pouco a pouco foi movendo seu palácio. Até que em um momento, sentiu que o seu corpo paralisou. Não consegue mover nenhuma parte do seu corpo. Seu palácio fica suspenso no ar, não por causa do seu Poder, mas por causa de uma força externa. Como seu corpo paralisou com muita dificuldade tentou procurar de onde vem essa força externa. Com grande esforço, olhou para trás e viu Espírito Santo, olhando em sua direção.

Espírito Santo disse:

– Não faça isso Lúcifer. Não faça mais isso. Não com essa intenção e sem autorização.

Espírito Santo recolocou o palácio no mesmo lugar sem a menor dificuldade. Todos que presenciaram aquele momento inusitado ficaram surpresos com o Poder de Lúcifer e não entenderam o porquê Espírito Santo proibiu Lúcifer de fazer o que estava querendo, pois até aquele momento esse querubim não era proibido de nada, aliás ninguém do Reino dos Céus era proibido de nada, pois todos sabiam suas obrigações e todos respeitavam a todos. Mas um ser espiritual entendeu aquela atitude que Espírito Santo teve, sabia que tinha sido com algum intuito. Esse ser espiritual foi o arcanjo Miguel.

Capítulo XII

A Grande Obra

Algum tempo se passou desde que Lúcifer teve aquela atitude de erguer seu palácio. Muitos seres, naquele momento, não sabiam o motivo de Lúcifer ter feito isso, somente depois de ter sido revelado por Micael, é que ficaram sabendo que a intenção de Lúcifer era colocar seu palácio mais próximo do palácio de Deus.

Alguns não entenderam o porquê Espírito Santo restringiu a atitude de Lúcifer, mas sabiam que foi por precaução, algum motivo haveria para isso.

Miguel estava muito preocupado com as atitudes de Lúcifer e não demorou muito para que fosse procurar esse querubim ungido para conversar. Chegando ao seu palácio foi muito bem recebido por todos. Rafá logo se prontificou em abraçar Miguel.

Miguel estava sorrindo para todos, ao mesmo tempo, o querubim ungido veio de braços abertos e sorrindo:

– Miguel, seja bem-vindo.

Miguel, de braços abertos, respondeu:

– Muito obrigado por essa recepção.

Aproximaram ambos e se abraçaram.

Lúcifer disse:

– Depois da Santíssima Trindade, a sua presença sempre mereceu o melhor tratamento.

– Não é pra tanto. Creio eu, quando você me visitou que não foi tão bem recebido como estou sendo agora.

– Fui sim Miguel. Fui muito bem recebido.

– Lúcifer, será que eu poderia conversar com você a sós?

– Mas é claro! Vamos até o alto da minha torre.

Lúcifer e Miguel foram andando até lá, pois Lúcifer queria mostrar-lhes cada detalhe do seu palácio e conversar sobre seus projetos.

Levaram algum tempo para chegar até o alto da torre. Entraram na sala de Lúcifer para conversar:

– Então Miguel, o que você deseja?

– Quero, primeiramente, saber como você está?

Lúcifer respondeu sem entender a pergunta:

– Estou muito bem!? Miguel estamos no Reino dos Céus.

Miguel deu um leve sorriso e respondeu:

– É verdade, mas eu tenho te observado e notei que você está agindo de modo diferente; tem tido atitudes que não condizem com você.

Lúcifer fez uma expressão de dúvida e disse:

– Que não condiz comigo!? Mas que tipos de atitudes são essas?

– A princípio, a utilização do seu Poder no Rochedo da Adoração; Tudo bem que foi uma forma de você expressar sua adoração a Deus, mas a partir daquele grande momento, parece que todo aquele Poder subiu a sua cabeça, por isso você tem agido de modo estranho. Alguns não perceberam, só os que estão mais próximos de você notaram essa diferença, essa sua ambição pelo Poder.

Lúcifer falou asperamente e apontando o dedo contra Miguel disse:

– Não diga isso Miguel. Como ousa falar isso de mim.

Miguel olhou em seus olhos e respondeu mansamente:

– Calma, não estou acusando de nada, mas apenas fazendo uma observação. Pois é o que percebi que está utilizando seus poderes em coisas supérfluas...

Lúcifer interrompeu Miguel falando mais uma vez asperamente:

– Usando meu Poder com coisas supérfluas? Mas como ousa falar isso. Por acaso sabe em que tenho utilizado meu Poder?

A expressão de Miguel ficou mais séria e respondeu:

– Não, eu não sei; mas eu imagino pelas suas atitudes. Erguendo seu palácio com que intenção fez isso? Para ver até onde vão os limites dos seus poderes?

– Não Miguel – falando alto – eu queria colocar meu palácio próximo do palácio de Deus.

– Mas para que isso? Se Deus quisesse seu palácio ali, Ele mesmo o colocaria; além do mais, onde está a tal "distância" que lhe impediu de ter acesso à presença de Santíssima Trindade. Você, junto com os demais, fez a proeza de trazer a Santíssima Trindade até aqui...

Lúcifer interrompeu Miguel dizendo:

– Miguel! Pela nossa amizade, peço-lhe que não se intrometa nos meus afazeres.

Miguel fez uma expressão não concordando, com o término da conversa, entendeu ali que não iria adiantar muito continuar falando. Balança um pouco a cabeça respeitando a decisão e disse:

– Está bem. Só estou preocupado com você, pois você mudou; Ayla, Micael e Rafá perceberam isso e eu também e outros que estão mais próximos de você.

– Ayla falou alguma coisa com você?

– Só apenas que está te achando diferente, só isso. Mas se você não quer que eu me preocupe com você, está bem, porém tome cuidado com suas atitudes, pois elas influenciarão os demais e têm deixado todos muito pensativos.

– Está bem Miguel. Agora preciso voltar para meus afazeres.

Miguel se transportou da torre para o seu palácio, pensando na conversa que teve e nas atitudes arrogantes de Lúcifer, atitudes essas que nunca teve antes.

Deus concluiu seu projeto. Procurou a melhor dimensão para construí-lo e pretendia anunciar a todos sobre esse sonho. Todos os seres espirituais foram chamados para o grande anúncio. Todos estavam ansiosos e felizes em saber o que Deus iria dizer. Lúcifer era o único que estava indiferente a todos, pois já sabia o que seria dito, porque Jesus já teria revelado.

Deus se levantou do seu trono e lá do alto olhando para todos, com sua poderosa voz, como se fosse de muitas águas, disse:

– Meus amados e fiéis seres espirituais; tenho um sonho a realizar e gostaria de compartilhar este sonho com vocês. Trata-se de fazer uma nova criação. Criar um novo Universo, com vários planetas, milhares de constelações. Entre esses milhares de planetas, escolhi um deles para habitar várias espécies de seres vivos, seres que serão muito belos, um diferente de outros. Porém de todos esses seres, minha maior obra-prima, será a criação do meu filho, um homem, que se chamará "Adão". Todos serão diferentes de nós, eles possuíram matérias e corpos físicos limitados. Até o tempo daquele local será diferente do nosso, será Chronos. O que manterá Adão vivo pela eternidade será minha presença sobre o espírito que colocarei nele. Esse ser será dividido em corpo, alma e espírito. Não demorarei muito para por este sonho em prática. Quero que todos vocês presenciem o surgimento deste novo Universo. Portanto, preparem-se, pois em pouco tempo começarão as obras.

Quando os seres espirituais ouviram essas palavras, ficaram extremamente felizes, pois iriam presenciar o Todo-Poderoso utilizando seus poderes. Rapidamente, todos se prepararam para esse glorioso momento.

Ayla virou-se para Lúcifer e disse:

– Você ouviu isso Lúcifer, você tem noção do que nós vamos presenciar! Nós iremos ver o Poder do Todo-Poderoso criar. Presenciaremos a criação de um novo Universo. Isso é esplendido.

Lúcifer ouvia tudo que Ayla dizia e expressava um pequeno sorriso, mas o seu interior não estava tão entusiasmado como o de Ayla e de todos os que estavam em sua volta. Naquele momento, não queria apenas presenciar a criação de um Universo, mas sim comparar seu Poder com o de Deus.

Todos já estavam prontos, os grupos de louvores estavam preparados para entoar belas músicas. Deus olhando para todos disse:

– Preparem-se meus amados, pois transportarei todos a partir de agora.

Deus abriu os braços e utilizando seu grande Poder, transportou todos para outra dimensão.

Ao chegar nessa dimensão, sua Glória iluminou a tudo. A expansão da sua Glória parecia não ter limites.

– Meus filhos; chegamos.

Todos olharam para os lados e não conseguiam ver nada, apenas um lugar vazio. Deus via um Universo ali.

Espírito Santo se aproximou de Deus e perguntou:

– Deus, irá começar agora?

– Sim.

Deus juntou as duas mãos e ficou um bom tempo reunindo Poder, quando reuniu toda essa imensidão de energia em um só ponto, uma grande e poderosa luz surgiu de suas mãos, aquela energia começava a puxar todos os seres espirituais, todos tiveram que usar seus poderes ao extremo para não serem levados por aquela energia.

Jesus e Espírito Santo vendo que eles já estavam nos seus extremos usaram seus poderes para ajudar os demais não serem sugados por esse Poder.

Deus, olhando para aquele imenso vazio, disse:

– Faça-se o Céu e a Terra.

Com sua poderosa força, Deus arremessa para longe aquela grande energia.

Deus olha para trás e diz:

– Preparem-se, pois a qualquer momento haverá uma grande explosão.

Deus volta a olhar para a imensidão e olha para trás de novo e grita:

– AGOOORAAA!

Houve uma poderosa explosão.

Aquela explosão chegou até empurrar alguns dos seres espirituais longe. Todos os seres espirituais viram como com aquele impacto da explosão o Universo começou a se expandir e imensos astros se formavam. Alguns se aproximavam de Deus e diziam:

– Senhor, o que é isso que está se formando?

Deus sorrindo respondeu:

– São os planetas que estão surgindo. Vocês querem ir até eles?

Todos em uma única voz disseram:

– Sim!

– Então vão.

No mesmo instante todos se transportaram para alguns desses planetas e os viram de perto e perceberam que eram diferentes do Reino dos Céus, devido à matéria que Deus fez.

Deus observando a curiosidade deles disse:

– Meus filhos, a matéria desses planetas e também dos seres vivos é diferente da de vocês.

Deus virou-se para Espírito Santo e perguntou

– Em qual planeta você acha melhor que eles habitem?

Espírito Santo, com um leve sorriso, respondeu:

– Mas... o Senhor não tinha tudo planejado?

– A forma como vai ser, já está definida, eu quero que você escolha o local onde eles vão viver.

Então Espírito Santo começou a olhar ao seu redor e com isso fez uma varredura em todo o Universo, de repente parou e apontou em uma direção e disse:

– Nessa direção existem alguns planetas e nesse lugar há um planeta que parece ser ótimo para eles viverem.

Deus olhou na direção que Espírito Santo apontou e também visualizou esse mesmo lugar e disse:

– Meus amados, voltem para cá, pois irei transportá-los para outro lugar.

Então, todos os seres espirituais se reuniram próximo de Deus. Deus ergueu seus braços e transportou todos para essa constelação que Espírito Santo mostrou.

Chegando lá, Deus olhou para aquele lugar escolhido pelo Espírito Santo, apontou um planeta e disse:

– É esse o planeta que você quer?

Espírito Santo sorrindo disse:

– Sim! Esse mesmo!

Espírito Santo vai até o planeta que estava sem forma e vazio. Só havia trevas sobre a face do abismo; Espírito Santo se movia sobre as águas. Era um lugar horrível para os olhos. Depois de recorrer todo o planeta, retornou para o grupo e disse para Deus:

– Esse planeta é perfeito.

Deus sorriu e disse:

– Então, vamos continuar.

Ele ergueu os braços e com sua poderosa voz disse:

– Faça-se a Luz.

Um poderoso brilho iluminou tudo. Os seres pensaram que haveria outra explosão, mas não foi o que aconteceu. Deus viu que era boa a luz e fez a separação entre a luz e as trevas, e chamou a luz de dia e as trevas de noite.

Todos ficaram contemplando aquela maravilha que Deus fez. Ficaram indo de planeta em planeta vendo essa grandiosa obra que Deus estava fazendo, apesar de que ainda faltavam muitas coisas, tudo era belo.

Foi-se a tarde e junto com ela o fim do primeiro dia.

Deus olhou para todos e disse:

– Meus amados, nesta dimensão estamos no tempo Chronos, um tempo diferente do nosso, onde o fator predominante da passagem desse tempo são o dia e a noite, como já está finalizando-se esse tempo, amanhã Eu, Jesus e Espírito Santo retornaremos. Vamos voltar para o Reino dos Céus. Todos deram uma última olhada no que estava sendo criado. Deus transporta todos para o Reino dos Céus. Todos estavam extremamente admirados diante de tudo o que viram, até mesmo Lúcifer. Só que agora mais uma questão vinha sobre seus pensamentos: *"Deus é extremamente poderoso. De que forma conseguirei esse Poder".*

Capítulo XIII

O Conselho

Muitos dos seres espirituais tinham em sua memória tudo o que Deus fez na criação do Universo, pois foi um acontecimento histórico para cada um; e um marco para Lúcifer. Todos admiravam o Poder de Deus. Lúcifer comparava seu Poder com o de Deus, pois sua sede, sua ganância subiu-lhe à cabeça, fazendo com que se esquecesse dos seus compromissos e responsabilidades no Reino dos Céus. O que invadia seus pensamentos era o tempo, como conseguiria tal Poder e como aumentá-lo.

Todos nós somos dotados de sabedoria, alguns para música, outros para arte, outros para realização de cálculos e assim por diante, cada um com sua sabedoria. Fica uma dúvida; quando essa sabedoria não é utilizada de forma correta, quando o conhecimento adquirido não é utilizado para o bem de todos, ou é simplesmente utilizado para seu próprio bem, ou até pior, para fazer mal a outros.

Deus deu sabedoria a todos os seres espirituais e Lúcifer era extremamente sábio e detalhista, no entanto foi esse mesmo querubim que percebeu que a Glória de Deus era atraída por cada ser espiritual quando fazia alguma obra para Santíssima Trindade.

Por meio das suas ideias que Ayla conseguiu, ofertou a Glória de volta para Deus e revolucionou a música e a adoração no Reino dos Céus, e com essa mesma percepção e sabedoria, sua atenção retorna para a Glória de Deus.

Lúcifer percebia que essa Glória que era atraída por cada um, aumentava suas forças, e seus poderes, essa força ficava no exterior do seu corpo. Com esse raciocínio, Lúcifer chegou a seguinte conclusão. *"Preciso tomar a Glória de Deus".*

Deus sondava o interior de todos, o tempo todo. Fazia isso para ver com que intenção todos se dedicavam à Santíssima Trindade, sempre via boas intenções nos seus interiores. Porém, as atitudes de Lúcifer em utilizar esses poderes e não reconhecer que quem lhe deu foi Deus, teve como consequência que afetou a muitos dos seres espirituais; fez com que esses seres voltassem seus olhos para si; não perderam o amor e dedicação pela Santíssima Trindade, mas começaram a questionar seus limites, esquecendo de quem os colocou ali e quem os capacitou.

Entre todos que Deus sondou o pior sentimento que encontrou foi o de Lúcifer.

Deus transportou Lúcifer para o seu palácio, para conversarem a sós.

– Lúcifer. Como você está?

Lúcifer não conseguia esconder o espanto ao ver Deus, não conseguia sair nenhuma palavra da sua boca.

Deus olhou nos seus olhos e disse:

– Vejo que há muita emoção em me ver, você não consegue nem expressar uma palavra.

Lúcifer se ajoelhou e respondeu:

– Porque sempre é uma emoção sua presença.

Deus com um leve sorriso no rosto respondeu:

– É bom ouvir isso de você, principalmente neste momento em que você passa.

Ao ouvir isso, certo temor tomou conta do seu interior; pois Deus sabia seus pensamentos.

Deus passou a mão em sua cabeça com muito amor e carinho e disse:

– Meu amado querubim, tome cuidado com as suas intenções, com o que planeja, suas decisões afetaram a você e também aos outros que o seguem. Eu amo a todos vocês e não gostaria de perdê-los. Portanto, tome cuidado com o que planeja.

Lúcifer continuando ajoelhado e com a cabeça baixada respondeu.

– Sim Deus, eu tomarei muito cuidado.

Deus pegou na sua mão e o ergueu, levantou uma das sobrancelhas e fez uma expressão de quem não estava entendendo e disse:

– Deus!? Mas o que aconteceu em você para não me chamar de Pai?

Mas uma vez Lúcifer não pode esconder o espanto ao ouvir isso e se retirou da presença Dele.

Logo em seguida, apareceu Jesus e Espírito Santo.

– Pai, o Senhor acredita que Lúcifer vai parar com esse tipo de pensamento, que esquecerá esse plano doentio.

– Não! Não vai. Isso já está no seu interior e não há nenhum desejo em retirar isso de dentro dele.

Espírito Santo disse:

– O que o senhor pretende fazer?

– Deixar que continue com seus planos e confiar que se arrependa das suas atitudes, lhe darei tempo para isso.

Algumas atitudes que Lúcifer teve, começaram a influenciar outros seres.

Espírito Santo perguntou:

– E se não ocorrer esse arrependimento, Lúcifer vai ser utilizado para separar os seres espirituais fiéis e infiéis ao Senhor?

Deus, com um olhar triste, respondeu:

– Isso mesmo. Diante do que está acontecendo não irei levá-los para a construção do Universo, os deixarei aqui e verei até onde vai o amor de cada um por mim.

Deus ficou um pouco em silêncio e voltou a falar:

– Vocês já sabem o que estou sentindo.

Espírito Santo olhou para Deus com um olhar triste e disse:

– Uma grande dor em seu coração por perder esses outros seres espirituais.

– Sim, pois amo a cada um e muito.

Capítulo XIV

Maus Pensamentos. (Parte II)

Nada do que falasse para Lúcifer adiantaria, pois já estava com uma ideia fixa na cabeça. Seu principal objetivo era roubar a Glória de Deus. Mas pensava consigo mesmo, como iria conseguir isso:

"Como conseguiria tomar a Glória de Deus, o que eu tenho que fazer para conseguir esse feito".

No tempo Chronos, um dia se passou desde que Deus começou a criação do Universo e era chegado o segundo dia. Deus anunciou a todos que iria apenas com Jesus e Espírito Santo. Os transportou até o local em que se encontrava o planeta onde estava fazendo sua obra. Os demais ficaram no Reino dos Céus.

Enquanto o tempo Chronos corria, o tempo no Reino dos Céus decorria de forma diferente, Lúcifer ficava o tempo todo pensando, maquinando em um local bem longe de todos, analisando a Glória de Deus. Estava tentando chegar numa resposta a sua pergunta... Estava quase conseguindo essa resposta. *"A Glória de Deus nos rodeia, ela não entra no nosso ser e mesmo estando no exterior já é o bastante para fazer o que fazemos. Como irei absorver essa Glória?".*

O tempo no Reino dos Céus passava e Lúcifer ficava a pensar, no que fazer para conseguir seu objetivo. Então começou a pensar em Ayla que devolveu a Glória que pertencia a Deus. Começou a pensar no que Ayla lhe ensinou, e chegou a seguinte conclusão: *"Eu farei o inverso. Não sei se dará certo? Se der, meu corpo irá aguentar? Ou irei explodir? Calma Lúcifer. Você precisa se acalmar. Você precisa tentar, talvez dê certo"* – pensava consigo mesmo. Lúcifer sai de onde está e retorna ao seu palácio para por em prática sua conclusão. Sua ganância o fez não se importar com a onipresença da Santíssima Trindade, quis aproveitar essa oportunidade para roubar sua Glória.

Lúcifer entrou em seu palácio e rapidamente pegou um instrumento semelhante a uma guitarra, saiu do palácio sem falar com ninguém, foi até o meio da rua onde se encontravam outros seres espirituais, ficou numa altura acima de todos e fez o que fazia de melhor, começa a tocar. Tocou um som diferente, os que estavam ouvindo estranharam a razão daquele som, porém era um som agradável de ouvir. Aos poucos, foram chegando mais e mais seres, todos estavam começando admirar o que estava sendo tocado.

Lúcifer acreditou que aquela música agradaria Deus. Com o tempo começou a sentir que a Glória de Deus estava sendo atraída para si cada vez mais, até que chegou num ponto que foi o bastante, então parou de tocar, e começou a fazer o inverso no processo de devolver a Glória de Deus. Lúcifer começou a absorver a Glória de Deus, os que estavam vendo aquela cena, começaram a estranhar, pois seu corpo começou a crescer e uma quantidade imensa de energias saíam dele.

A Glória de Deus é muito poderosa, Lúcifer tinha que ser bastante resistente para suportá-la. Na medida em que ia sendo absorvido, Lúcifer gritava; imensos raios saiam do seu corpo. Com muito custo à Glória estava sendo absorvida. Todos ficaram sem entender o que acontecia e, ao mesmo tempo se perguntavam:

– Lúcifer está tomando a Glória de Deus?

– O que é que está acontecendo?

– O que está ocorrendo, será que é o que estou pensando?

O som era alto e atraía ainda mais a atenção de muitos outros. Depois que conseguiu sugar grande parte dessa Glória, seu corpo estava bem mais forte, Lúcifer sentiu que seu Poder quase que quadriplicou. Deu uma longa e barulhenta risada, olhou para todos com ar de satisfação pelo grande Poder que conseguiu e se transportou dali.

Deus continuava sua obra com Jesus e Espírito Santo.

Jesus estava olhando para o alto e disse:

– Pai! O Senhor sentiu algo estranho!?

– Senti. Lúcifer acabou de roubar a minha Glória. Iremos continuar assim mesmo.

Deus olhou em sua volta e viu que tudo estava de acordo como foi planejado. Então ergueu sua poderosa voz e disse:

– Haja uma expansão no meio das águas; haja separação entre águas e águas.

Deus fez a expansão e a separação entre as águas que estavam debaixo e as que estavam sobre a expansão. Alguns elementos que estavam nas águas começaram a subir até aos altos céus, até que chegaram a um determinado ponto em que se fixaram nesse lugar. Deus olhou o que tinha feito, olhou para o projeto que tinha em suas mãos em forma de um holograma e viu que estava perfeitamente como havia planejado. Chamou a expansão de Céus.

Jesus olhou para Deus e perguntou:

– Vamos retornar para o Reino?

– Não retornaremos agora, vamos prosseguir com a criação.

No Reino dos Céus, Miquéias que auxiliava Miguel, entendeu o que aconteceu com Lúcifer e foi em sua busca, se transportou por todo o Reino dos Céus a sua procura. De repente, chegou a um lugar longe de tudo e de todos, viu que o chão estava tremendo muito, ao longe ouviu estrondos muito altos e foi para saber de onde vinham. Ao longe, viu Lúcifer então, Miquéias foi se aproximando sem que percebesse e viu algo que o surpreendeu muito; Lúcifer estava erguendo com seu Poder várias montanhas, imensas montanhas. Lúcifer sentiu a presença de outro ser ali; aos poucos começou a baixar as montanhas que erguia, olhou para trás e disse arrogantemente:

– Quem é? O que está fazendo aqui?

Miquéias aos poucos foi aparecendo de onde se encontrava e disse:

– Sou eu Lúcifer, Miquéias. Estava a sua procura. Lúcifer com um olhar sério contra Miquéias disse:

– O que você quer?

– Eu percebi que você tomou a Glória de Deus.

Lúcifer respondeu com um sorriso malicioso:

– Eu tomei você estava lá, viu o que eu fiz?

– Sim! Eu vi o que você fez, mas não vi só isso. Venho observando há muito tempo e percebi suas intenções, seus planos. Por causa das suas atitudes, criou em mim, também ter poderes ilimitados e acredito que você descobriu como.

Lúcifer virou-se e olhou para as montanhas e disse:

– Você viu o que fiz agora?

– Sim eu vi. Foi extraordinário.

– Há tempos, eu não conseguia erguer nem apenas uma, mas como você viu; ergui várias montanhas sem a menor dificuldade. Você sabe como consegui esse aumento dos meus poderes?

– Posso até imaginar, mas me diga como conseguiu.

Lúcifer virou-se para Miquéias e olhou nos seus olhos e disse:

– Esse aumento do meu Poder foi devido à Glória de Deus, mas, agora que consegui esse meu objetivo, vi que posso deixar meus poderes ilimitados, não posso ficar nessa condição em que estou, não posso continuar nessa condição de apenas ser um simples servo e digo-lhe uma coisa, Miquéias, também não posso ficar me prendendo apenas a sua Glória, eu não quero mais sua Glória, eu quero... O seu trono!

Miquéias se surpreendeu com o que ouviu de Lúcifer que continuava falando:

– Miquéias, aquela minha atitude de ir para o meio dos demais foi com um propósito. Eu sabia que iria dar certo meu plano de roubar a Glória de Deus, eu fiz isso em meio de todos, para verem que cada um pode ir muito além sem precisar ficar nessa posição medíocre de servo da Santíssima Trindade, podem ir muito mais além. Você pode ir muito além do que é; eu posso te proporcionar uma posição melhor no Reino dos Céus se você se unir a mim.

Miquéias ficou espantado com o que ouviu e disse:

– Você quer que eu faça parte dos seus planos?

– Sim! Eu quero, você e tantos quantos forem se agregando aos nossos objetivos.

– Aos nossos objetivos!?

– Sim aos nossos objetivos, pois você e mais outros seres já vêm me acompanhando e creio que cada um criou um desejo de ir além do que agora são. Depois do que viram não serão mais os mesmos, principalmente você, depois do que viu agora. Miquéias, balançando a cabeça como se estivesse concordando, disse:

– Isso é verdade, eu não sou mais o mesmo e os meus objetivos também não.

– Eu tomarei o trono de Deus, mas eu precisarei de ajuda, precisarei de você, pois percebi que você tem um grande desejo de ir além, de ter mais poderes.

Lúcifer ergueu uma das mãos e começou a emitir raios para demonstrar um pouco do seu Poder. E continuou falando:

– Você não quer mais continuar nessa condição e eu posso lhe proporcionar isso, posso até fazer de você um Espírito Santo, ou até mesmo um Jesus.

A proposta feita para Miquéias estava muito além do que ele podia imaginar ou desejar. Aquelas palavras foram diretas para o seu interior, acreditando nas promessas feitas por Lúcifer.

Miquéias perguntou:

– Mas como conseguiria isso?

– Primeiro confie em mim e depois eu lhe ensinarei como aumentar seus poderes, como você poderá tomar a Glória de Deus para si. Você não ficará tão poderoso quanto eu, mas seus poderes aumentarão extraordinariamente. Eu não posso tomar o reino sozinho, preciso montar meu exército. Então, irá se aliar a mim?

Miquéias diante daquela grandiosa proposta respondeu:

– Sim, eu me unirei a você.

– Vamos preparar o nosso exército, precisaremos de mais seres fiéis a nós.

Miquéias interrompe dizendo:

– Creio que não será difícil, pois assim como você me influenciou, também influenciará muitos outros.

– Então vamos montar logo o nosso exército.

Esses dois seres espirituais confirmaram a aliança entre si, dando-se as mãos e rapidamente retornaram para com os demais para iniciar a grande rebelião.

Capítulo XV

O Mal se Propaga

O terceiro dia chegou no tempo Chronos, tudo estava sendo feito passo a passo de acordo com o que Deus programou. Deus olhou para o seu holograma onde mostrou o programado e viu que desta vez é hora de separar a porção seca, a terra das águas e a criação das vegetações.

Deus olhou a Terra do alto e disse:

– Juntem-se as águas debaixo dos céus num lugar e apareça a porção seca.

Ouviu-se um grande barulho de águas movendo imensos rochedos que começaram a se erguer do mar, naquele momento houve a separação entre a porção seca de terra e a junção das águas dos mares.

Depois desse feito, Deus com Jesus e Espírito Santo vai descendo aos poucos para tocar o solo desse planeta, abaixou-se e pegou um pouco de terra com as mãos, sentia que a terra é boa para plantar; com a sua onipresença olhou todos os lugares do planeta e viu que tudo está de acordo com o planejado. O senhor com a sua onipresença visitou cada ponto do planeta; segundo o programado era hora da criação da vegetação segundo cada espécie, então Ele disse:

– Produza a terra erva verde, erva que dê sementes, árvores frutíferas que deêm frutos segundo a sua espécie.

Assim como foram ditas essas palavras, assim foi feito, com o tempo começou a se produzir vegetação, plantas variadas, todas segundo suas espécies, todas segundo os planos de Deus. As flores eram belas, uma mais bela que outras, uma beleza que não se comparava com o do Reino dos Céus, porém todas maravilhosas.

Deus olhou cada uma e viu que estavam de acordo com o planejado, e viu que era bom. Assim foi a tarde e junto com ela a noite se aproximando, trazendo o terceiro dia.

No Reino dos Céus, Lúcifer prosseguiu com sua rebelião; agora não estava mais sozinho, estava ao seu lado o anjo Miquéias, que também exercia certa influência sobre os demais. Miquéias aprendeu como aumentar seu Poder, naquele momento estava extremamente poderoso.

Lúcifer retornou ao seu palácio sem que ninguém notasse. Os seus planos eram conseguir a aliança de Micael e Rafá, dois grandes seres do seu grupo, dois seres que seriam de grande importância nos seus planos, depois pretendia ir à nova liderança no Reino dos Céus, ou seja, Ayla.

Sem que o notassem foi se aproximando do local onde se encontravam Rafá e Micael. Ambos estavam com outros seres espirituais, tentando prosseguir com suas funções e orientando os demais como agir e prosseguir diante dessa nova situação.

Todos começaram a sentir a presença de Lúcifer. Esse querubim, ao perceber que todos sentiram sua presença, apareceu, todos pararam os seus afazeres e começaram a estranhar sua nova forma física, pois estava bem mais forte e alto.

Lúcifer rapidamente deu um leve sorriso e disse:

– Prossigam nos seus afazeres. Não se preocupem comigo. Rafá e Micael podem me acompanhar? Lúcifer os conduziram para o local mais isolado do seu palácio. Enquanto andavam, Lúcifer relatava o que ocorrerá e qual era a sua proposta.

– Vocês já observaram que durante algum tempo, eu vinha mudando ?

Micael interrompeu dizendo:

– Todos os seres do Reino dos Céus observaram essa mudança.

Lúcifer respondeu:

– Isso é verdade. Micael, por favor, não me interrompa mais quando eu estiver falando – disse asperamente.

– Tudo bem Lúcifer.

– Então, como estava dizendo; ocorreram algumas mudanças em mim e uma dessas é que eu me tornei mais poderoso, creio que vocês podem sentir meu Poder.

Micael e Rafá concordaram, pois era perceptível.

Lúcifer continuou falando:

– Mas é bem melhor que eu demonstre para cada um de vocês a grandiosidade desse Poder.

Os dois foram transportados para o local onde costumava ir para treinar seus poderes. Fez os mesmos procedimentos que chamaram a atenção de Miquéias, erguendo algumas montanhas, logo em seguida Lúcifer disse:

– Viram isso que acabei de fazer. Eu posso proporcionar isso e ainda mais para cada um de vocês. Mas para isso, preciso que vocês adotem os meus planos, os meus objetivos.

Rafá disse:

– Como que conseguirei esse Poder?

– Irei ensiná-los como tomar a Glória de Deus. Isso que acabei de fazer, foi com apenas um pouco da Glória roubada Dele. Posso proporcionar poderes para cada um de vocês, poderes ilimitados. Não precisaram mais se submeter à Santíssima Trindade, pois eu irei tomar o trono de Deus, eu serei um Deus e vocês estarão ao meu lado na minha conquista. Vão se unir a mim?

Rafá não relutou em seus pensamentos, pois já estava atormentado por isso há muito tempo. Logo disse:

– Se eu conseguir esse Poder que está me oferecendo, eu me unirei a você.

– E você Micael?

Micael ficou um pouco pensativo diante da proposta feita. Lúcifer insistiu:

– Vamos Micael! Nós iremos além, você será muito mais poderoso do que pode imaginar.

Micael pensou mais um pouco em tudo o que foi dito e no que já estava no seu interior há muito tempo e respondeu:

– Sim eu me unirei a você, mas eu quero um trono ao seu lado.

– Está feito, mas escutem o que eu digo, precisamos formar o nosso exército, pois somente nós não conseguiremos tomar o Reino dos Céus. Portanto, precisamos conseguir mais seres espirituais, vocês e Miquéias serão as minhas lideranças.

Rafá disse:

– Então vamos logo montar esse exército.

O quarto dia se aproximava e com ele as maravilhas que Deus fez. Tudo o que Deus fazia logo em seguida era conferido, para ver se estava de acordo com tudo o que foi planejado e programado. Depois de conferir continuava a criação.

Olhou Deus para o céu e disse:

– Façam-se luminares na expansão dos céus, separando o dia da noite e sejam eles sinais para tempos determinados, para dias e anos e sejam luminares na expansão dos céus, para iluminar a Terra.

Deus fez os dois grandes luminares na expansão: o luminar maior para governar o dia, e o menor para governar a noite. Deus analisou a distância desse luminar maior, seu brilho e o calor que transmitia. Estava tudo de acordo com o que tinha sido calculado e planejado. E viu que era bom. Assim terminou o quarto dia.

No Reino dos Céus, cada vez mais a rebelião de Lúcifer progredia. Ayla se encontrava muito triste, diante do que estava ocorrendo. A rebelião de Lúcifer se alastrava rapidamente como uma praga, como uma epidemia que se encontrava em cada ponto do Reino dos Céus. Os seres espirituais, desde os mais altos patamares até os de baixo escalão, todos estavam se rebelando contra a Santíssima Trindade tomando proporções surpreendentes; o que mais aumentava a ferida em Ayla era saber que tudo isso era promovido por um querubim ungido de Deus por quem tinha uma grande estima e admiração.

A forma como esses rebelados abordavam os seres espirituais para recrutá-los para a grande rebelião era estratégica, primeiro abordavam os que já tinham certo interesse, certa curiosidade pelo que Lúcifer demonstrava e faziam lhes promessas:

– Vocês podem aumentar seus poderes, vocês podem ir além do que agora são!

Mas havia os que criticavam as atitudes de Lúcifer, os argumentos já eram diferentes, em muitos casos ineficazes; os que não aderiram a essas ideais de revolução eram considerados inimigos.

Ayla, que tinha uma visão de Lúcifer de ser um modelo de exemplo a ser seguido, agora se tornou uma vergonha para a classe dos seres espirituais voltada para a adoração; e pior, estava arrastando milhões de seres espirituais na sua ideia louca e doentia.

CAPÍTULO XVI

A Resistência dos Fiéis

Na medida em que Lúcifer se entregava aos seus planos, mais se afastava da presença de Deus e de sua essência; e aos poucos, a maldade tomava todo seu interior. Todos os que estavam seguindo esses ideais loucos encontravam-se assim. A presença desses seres, não era uma presença agradável, senão uma presença desagradável e maligna.

Era difícil, ou quase impossível, encontrar Ayla visitando o palácio de Lúcifer, procurava ao máximo se afastar dele. Aqueles que não aderiram as ideias revolucionárias se afastavam também e ficavam em outros grupos que não estavam seguindo os planos de Lúcifer.

Os rebelados não se encontravam mais entre os outros, ficavam em um local bem distante de tudo e de todos. Esse local se chamava Benki, onde ficavam maquinando como tomar o Reino dos Céus. Sabiam que não seria fácil, pois os fiéis a Deus não deixariam. Os grandes seres que possuíam grandes escalões no Reino dos Céus sabiam que era necessário, naquele momento, a organização; ter planos e segui-los nos mínimos detalhes.

Numa grande reunião, conversavam entre si:

Um arcanjo disse:

– Temos que nos organizar para a grande conquista, pois sem a devida organização nossos planos não darão certo.

Um querubim respondeu:

– Eu concordo plenamente, apesar de Deus não se encontrar no Reino dos Céus, os que permaneceram fiéis a ele irão resistir até o fim.

Miquéias, que se encontrava na reunião da grande cúpula, disse:

– Esses seres fiéis não serão problema, pois somos extremamente poderosos em comparação a eles. Eu sinto que posso vencer Miguel sem a menor dificuldade.

Rafá respondeu:

– Isso é verdade Miquéias, mas isso não é motivo para subestimá-los.

Lúcifer, balançando a cabeça como se estivesse concordando, disse:

– Concordo com você, esse não é o momento de subestimar nossos adversários. Vocês por acaso já sabem quantos seres espirituais já temos?

Todos balançam a cabeça negando saber quantos rebelados tinham até o momento.

Lúcifer, num tom áspero, disse:

– Isso prova a incompetência de vocês.

Um serafim tentou amenizar a situação dizendo:

– Eu achava que isso seria desnecessário, pois estamos bastante poderosos.

Lúcifer olhou com um olhar sério e disse

– Você acha que isso seria desnecessário, nós vamos tomar o Reino dos Céus e não um simples palácio.

Todos ficaram sem ter o que dizer.

Lúcifer prosseguiu:

– Diante dessa incompetência, só penso em um ser cujo auxílio foi ótimo durante o tempo que estava ao meu lado. Esse ser é Ayla. Eu conheço seu potencial, as suas várias qualidades, nós iremos atrás desse serafim.

Rafá disse:

– Mas se Ayla não esta em nosso meio, isso significa que não aderiu aos nossos objetivos.

Lúcifer olhou fixo em seus olhos e disse:

– Então eu farei que Ayla aceite.

O quinto dia amanhece no tempo Chronos. Toda a atenção de Deus estava voltada para sua obra, mas também no Reino dos Céus. Deus, Jesus e Espírito Santo sabiam do avanço da rebelião de Lúcifer e também sabiam qual era a sua intenção; ser igual a Deus.

Espírito Santo disse:

– O Senhor sabe que está próxima a grande batalha espiritual.

Deus virou-se para Espírito Santo e respondeu:

– Sim, é verdade! A grande divisão não irá demorar muito para acontecer.

Jesus disse:

– A ambição de Lúcifer cegou muitos seres – Jesus olhou para cima e continuava falando – meu Pai, mesmo sabendo que sua Glória se encontra lá no Reino dos Céus, eu sinto maldade devido a esses seres que se rebelaram contra o Senhor.

– Não se rebelaram só contra mim filho, mas contra nós três.

Jesus olhou com um olhar triste e com um leve sorriso no rosto e disse:

– O Senhor sabe o que vai acontecer meu Pai?

– Sim! Eu sei filho. E lhe digo uma coisa, isso afetará até mesmo seus irmãos no futuro. Pois essa mesma seleção que eu permiti que fosse feita, para que meus filhos tenham o livre arbítrio para decidir o que querem, o mesmo será feito aqui na Terra. Mas isso não é um assunto para agora, temos que continuar a obra da criação.

– Sim meu Pai! Vamos continuar.

– Então meu filho, Espírito Santo, pelo que planejei, hoje é o quinto dia, é o dia para criar os seres viventes: os répteis, as aves e os animais marinhos.

Deus deu alguns passos a frente e disse em alta voz:

– Produzam as águas abundantemente répteis de alma vivente; e voem as aves sobre a face da expansão dos Céus.

Deus criou as grandes baleias, todo réptil de alma vivente que as águas abundantemente produziram conforme suas espécies, toda ave de asas conforme sua espécie. E viu Deus que era bom.

Deus ergueu sua poderosa voz abençoando os seres vivos dizendo:

– Frutificai e multiplicai-vos e enchei as águas dos mares e as aves se multipliquem na Terra.

Todos esses animais eram perfeitos e belos.

Depois de ter feito essa obra e ter verificado que era bom, Deus olhou para o Céu, observando o que estava acontecendo.

Ayla sempre esteve ao lado de Lúcifer, auxiliando, ajudado e até mesmo aconselhando. Por conhecer as características de Lúcifer, sabia que iria em sua busca, por isso tentava se afastar o máximo possível do seu exército. Boa parte do seu tempo ficava no palácio do arcanjo Miguel. Os rebelados conseguiram descobrir onde Ayla se encontrava.

Miguel disse:

– Você acha que os rebelados virão atrás de você?

Ayla respondeu:

– Eu não acho. Eu tenho certeza.

– Também imaginei isso, Ayla. Você foi muito importante para Lúcifer; pois o auxiliava em todos os seus afazeres.

– Em minhas lembranças, guardo o quanto Lúcifer era bom, mas creio que essa perfeição o cegou e fez com que tivesse essas atitudes.

Enquanto conversavam, começaram a sentir uma multidão de presenças malignas. Um anjo entrou na sala onde se encontravam e disse:

– Arcanjo Miguel, há uma grande comitiva dos maiorais que se rebelaram lá fora.

Miguel se virou para Ayla e disse:

– Vieram aqui atrás de você. Venha comigo, irei te colocar em um lugar seguro.

Miguel transportou Ayla para um local seguro no interior do seu palácio e junto com Ayla colocou cinco poderosos arcanjos, para a sua proteção. Miguel olhou fixamente para Ayla e disse:

– Você ficará bem aqui; eu vou lá fora e irei conversar com essa comitiva.

– Tudo bem, mas tome cuidado.

Miguel se transportou até os portões do seu palácio, ali se encontravam centenas de seres espirituais que não se uniram a Lúcifer.

Um deles disse:

– Nós estamos preparados para tudo Miguel.

– Acalmem-se, o intuito dessa comitiva é apenas uma conversa, pois se quisessem atacar, já teriam atacado.

Miguel ordenou que sejam abertos os portões.

Ao abrirem os portões, Miguel se surpreendeu com o que viu. Milhares dos seres espirituais do alto escalão estavam unidos com Lúcifer.

No tempo Chronos, o sexto dia se aproximava; Deus, sendo onipresente e onisciente, via e sabia de tudo que estava acontecendo no Reino dos Céus.

Deus, olhando para o alto e com aspecto sério, disse:

– O tempo está se acabando. Hoje nem tudo será feito, a cada momento que passa mais se aproxima a grande batalha.

Jesus disse:

– Continuaremos a criação assim mesmo?

– Sim filho. Esse planeta e seu irmão é um grande sonho meu; nada me impedirá de concluí-lo. Hoje é o tempo de criar os seres vivos terrestres e tudo sairá como o programado. Vamos venha!

No Reino dos Céus, o arcanjo Miguel estava diante de milhares dos seres espirituais mais poderosos. Miguel era extremamente poderoso, entretanto, era apenas um; os que estavam lhe acompanhando não eram poderosos o bastante. Miguel fixou seus olhos no representante daquela comitiva, balançou a cabeça e desaprovando aquela atitude disse:

– Shava, Shava, como pode se rebelar contra a Santíssima Trindade e se unir à ideia louca de Lúcifer?

Shava, que tinha aparência de um búfalo branco, disse:

– Isso não importa agora Miguel, a decisão que tomei foi o que decidi para mim e não me importo com o que pense. Nós não estamos aqui para discutir nossas decisões e muito menos para falar com você agora. Lúcifer deseja falar com Ayla e sabemos que Ayla se encontra aqui.

– Isso é verdade. Ayla se encontra aqui, mas não tem intenção de falar com nenhum de vocês.

– Será mesmo que Ayla não quer falar com Lúcifer ou é você que o está impedindo?

– Eu não impeço ninguém a nada, sei que um dos que me auxiliava nas atividades do Reino dos Céus, agora se encontra entre vocês. Mas se Ayla solicitar a minha ajuda para se afastar de vocês, pode ter certeza que estarei pronto para ajudar.

Shava, num tom mais áspero, disse:

– Miguel, traga Ayla ou saia da frente com os seus seres espirituais para que possamos pegar Ayla.

Miguel, com expressão mais séria ainda, fixou seus olhos em Shava e respondeu no mesmo tom:

– Não trarei Ayla e não sairei daqui. Nunca deixarei vocês entrarem em meu palácio.

O clima entre Miguel e Shava estava cada vez mais agressivo. Lúcifer estava bem distante dali, mas observava tudo. O intuito daquela comitiva era de distrair Miguel e os seus.

Ayla não tinha nenhum interesse em fazer parte dos planos de Lúcifer. Mesmo assim, Lúcifer faria de tudo para que fizesse parte do seu exército.

Lúcifer sabia que se estivesse muito próximo, Miguel poderia sentir sua presença alí; por isso ficava distante e observando o palácio.

Ayla estava em lugar seguro. Era uma missão difícil, pois seria necessário procurar onde era esse local, e para isso teria que se transportar até o palácio de Miguel e, em milésimos de segundos, sentir a presença de Ayla, se transportar até lá e se retirar com sucesso.

Quando percebeu que a discussão chegou ao auge, se transportou para o palácio, durante o transporte, se surpreendeu ao ver centenas de anjos guerreiros, rapidamente se escondeu. Mas já era tarde demais; perceberam sua presença. Todos os que estavam dentro do palácio ficaram em posição de batalha. Lúcifer sabia que não tinha muito tempo e precisava encontrar Ayla o mais rápido possível. Os arcanjos que ficaram de guarda foram alertados da presença de Lúcifer e logo se puseram em posição de combate; Ayla se preparou para a luta caso fosse necessário.

Lúcifer precisava ser mais rápido, precisava sentir onde estava a presença de Ayla, por isso se transportava numa grande velocidade; para onde se transportava todos os guerreiros de Miguel o seguiam.

Esse querubim se transportava para cada ponto do palácio de Miguel; até que sentiu uma fina presença de Ayla.

Miguel se encontrava fora do palácio, discutindo incessantemente com Shava, mas a discussão foi interrompida quando Miguel sentiu uma presença diferente. Rapidamente virou-se para o arcanjo que estava mais próximo e disse:

– Senti uma presença diferente saindo do meu palácio, Lúcifer está lá dentro.

– Acalme-se Miguel, os seres espirituais que estão lá dentro cuidarão de Lúcifer.

Miguel fica apreensivo, mas não poderia estar em dois lugares ao mesmo tempo, então decidiu ficar lá e confiar nos seus guerreiros.

Lúcifer sentiu a presença de Ayla e o mais rápido possível se transportou até uma sala que ficava no interior do palácio. Ao chegar, viu cinco arcanjos poderosos preparados para a batalha e nessa formação estava Ayla.

Lúcifer disse:

– Vocês não vão me impedir, eu estou aqui para buscar Ayla.

Ayla, em posição de combate, questionou:

– Quem disse que vou com você?

Lúcifer, olhando sério e apontando para Ayla, disse:

– Sim, você virá comigo.

Nesse momento, alguns guerreiros de Miguel entraram na sala, Lúcifer rapidamente correu na direção dos arcanjos que estavam protegendo Ayla. Os arcanjos, com Ayla, com grande coragem se lançaram contra Lúcifer.

Lúcifer, além de ser mais poderoso, era mais rápido e estratégico.

Enquanto corria na direção desses guerreiros, visualizou e analisou cada um deles. Com um rápido olhar, analisou também os guerreiros que vinham na sua direção.

A intenção de Lúcifer era correr na direção dos guerreiros e fazê-los correrem em sua direção para uma suposta luta, fazendo com que deixassem Ayla livre por alguns segundos.

Esse seria o tempo necessário para Lúcifer.

Em frações de segundos, se transportou para trás do arcanjo guerreiro que estava à direita de Ayla e lhe deu um forte golpe nas costas e sem perda de tempo se transportou atrás do arcanjo que se encontrava a esquerda de Ayla e lhe deu um poderoso soco. Com a mão esquerda segurou firme o ombro de Ayla e disse:

– Você vem comigo.

E leva Ayla com ele.

Shava discutia na tentativa de segurar Miguel, o máximo possível, ao ponto de quase ocorrer uma luta; nesse instante, recebe uma mensagem no seu comunicador.

– Shava, pode se retirar já consegui o que queria.

Shava sorriu maliciosamente para Miguel e disse:

– Lembre-se Miguel, quando os rebelados tomarem o Reino dos Céus eu me lembrarei dessa sua afronta.

Miguel fixou seu olhar nos olhos de Shava e disse:

– Espero que você não se esqueça, pois essas lembranças serão suas tormentas.

Shava olhou para trás e gritou:

– Guerreiros, retirada!

Miguel viu um a um retirar-se da frente do seu palácio, virou-se para um anjo que estava próximo e lhe disse:

– Nós temos que buscar Ayla.

Poderia ter ocorrido uma batalha ali mesmo ou até mesmo antes, mas ainda não era o momento certo, os aliados de Lúcifer ainda não estavam preparados, não sabiam quantos estavam ao seu lado e a organização e a estratégia são cruciais nesse momento de decisão.

Jesus olhou para Deus e relatou:

– O Senhor viu o que aconteceu. Devemos voltar?

– Sim eu vi, mas ainda não vamos voltar. Ainda resta um pouco de tempo para que Lúcifer se arrependa. Vamos continuar como planejado para o sexto dia.

Lúcifer transportou Ayla para o local onde se concentrava seu exército. Ayla se assustou ao ver uma grande e numerosa quantidade de rebelados, seres espirituais que nunca imaginava que se rebelariam contra Deus, que estavam lá.

Lúcifer virou-se para Ayla e disse:

– Acalme-se Ayla, eu não farei nenhum mal a você.

Apenas quero que aceite a proposta de unir-se a mim. Eu fiz todo esse trabalho de invadir o palácio de Miguel, porque eu sei do seu potencial e você será de grande ajuda pra mim.

Ayla empurrou com violência a mão de Lúcifer dos seus ombros e lhe disse:

– Lúcifer, eu não me unirei a você. Eu nunca vou me rebelar contra a Santíssima Trindade...

Lúcifer o interrompeu dizendo:

– Acalme-se Ayla, escute minha proposta antes de tomar decisão preci...

Ayla interrompeu Lúcifer:

– Que proposta é essa? Você não tem nada para me oferecer. Eu não quero nada que venha de você...

Lúcifer interrompeu Ayla mais uma vez:

– Não tome decisões precipitadas Ayla. Olhe para mim, veja, observe, acredito que você notou que estou diferente...

Ayla não deixou Lúcifer concluir seu raciocínio e lhe disse:

– Você esta totalmente diferente Lúcifer, suas atitudes ulti...

Lúcifer também interferiu na fala de Ayla, dizendo:

– Escute Ayla! Não olhe apenas as minhas atitudes, olhe para o meu corpo, sinta o meu poder, veja que não é mais o mesmo. Eu estou mais poderoso e não sou apenas eu, olhe para os guerreiros. Sinta os poderes de cada um.

Lúcifer segurou na mão de Ayla e se transportaram para o meio dos rebelados. Ayla se impressionou com o que viu e sentiu.

Lúcifer relatou:

– Veja tudo isso Ayla, veja como estão os meus guerreiros, tudo isso prometi e cumpri; prometi que seriam mais fortes e agora são mais fortes, mas falta ainda o passo maior para concluir tudo o que foi prometido. Para concluir essa promessa, eu gostaria que você estivesse comigo.

Ayla questiona espantado:

– Me unir a você? Nunca poderia fazer isso com a Santíssima Trindade, não posso traí-los dessa forma.

– Essa oportunidade que estou te oferecendo é para conquistar novos patamares e você não irá se arrepender. Podemos começar pelos seus poderes.

– Pelos meus poderes!? Mas o que você pretende fazer com eles?

– Pretendo aumentá-los. Mas para isso preciso que você siga as minhas instruções. Entoe o melhor louvor com sua voz para adorar a Deus.

– Você está me pedindo para cantar?

– Sim! Eu quero que você ofereça sua adoração a Deus, pois por meio dessa atitude irá atrair a Glória de Deus para si. Você está lembrado que você ofertou essa Glória para Deus?

– Sim, estou.

– Só que, quando começar atrair a Glória de Deus para si, você irá fazer o processo inverso.

– Mas como irei fazer isso?

– Simples. Quando você deseja ofertar a Glória para Deus, concentra todo o seu ser nele, junto com o seu Poder, você libera essa Glória. Mas agora será diferente, você deverá concentrar seu Poder em um só ponto do seu ser, quando conseguir concentrar seu Poder em um só ponto, você utilizará seu Poder para absorver essa Glória.

Ayla ficou pensando no que Lúcifer estava falando, então Lúcifer insistiu mais uma vez:

– Vamos Ayla, tente.

Ayla pensou mais um pouco, depois abriu os braços e as mãos na posição de receber, começou a erguer sua voz em adoração a Deus. Não tinha letras em seu louvor, só tinha apenas um belo cântico. À medida que ia se entregando ao louvor, a Glória de Deus se aproximava de Ayla, atraindo também a admiração dos guerreiros que estavam em sua volta.

Esse serafim começou a ficar rodeado da Glória de Deus.

Lúcifer observando que era o suficiente disse:

– Agora Ayla tome a Glória de Deus para si.

Ayla fechou as mãos de uma forma com estivesse absorvendo aquela Glória, aquela energia dourada, começou a sentir seus poderes sendo multiplicados. Porém, naquele momento, Ayla também começou a se lembrar de Deus, de como lhe tratava, de como agia como um Pai e um grande amigo, um grande companheiro e conselheiro. Lembrava, também, dos grandes momentos que passou ao lado de Jesus, que tinha ele como irmão. Lembrava-se dos grandes momentos que teve ao seu lado. Espírito Santo com seu sorriso que lhe trazia paz em seu interior. E essa paz era o que Ayla não estava sentindo naquele momento. Rapidamente tomou uma decisão surpreendente; abriu suas mãos e gritou:

– Toda honra, Poder e Glória pertencem à DEEEUUUSSS!

Naquele instante a Glória saiu e foi em direção ao palácio de Deus. Lúcifer, ao ver isso, irou-se grandemente com Ayla.

Ayla virou-se para Lúcifer e com grande ousadia e autoridade lhe disse:

– Eu nunca me rebelarei contra Deus, nunca trairei Jesus e Espírito Santo.

Lúcifer, numa grande ira, gritou:

– Seu maldito serafim!!! – E lhe deu um forte soco, acertando-lhe a cabeça e arremessando seu corpo para longe.

Devido ao forte soco de Lúcifer, Ayla foi empurrando todos os seres espirituais que estavam atrás. Os rebelados, percebendo que Ayla foi arremessado com grande força, começaram a abrir caminho. Ayla, muito sagaz, aproveitou o impulso e rapidamente girou seu corpo para trás, caindo no chão com os pés e uma das mãos, fazendo diminuir a velocidade.

Quando conseguiu parar, fixou seriamente seus olhos em Lúcifer que estava longe. Lúcifer, em frações de segundos, se transportou à frente de Ayla com um forte chute preparado. Ayla percebeu seus movimentos e rapidamente se protegeu com as duas mãos, mas o chute era muito forte e mais uma vez esse serafim foi empurrado.

Ayla já havia analisado a situação e soube como lidar com ela. Estava sendo arremessado devido a um forte chute que Lúcifer lhe desferiu. Passados alguns segundos, fixou novamente seus olhos em Lúcifer, se transportou para trás do seu corpo e tentou um poderoso chute no rosto de Lúcifer que ao perceber o golpe, velozmente se defendeu com uma das mãos a poucos milímetros do rosto; e com a outra segurou firmemente o mesmo pé de Ayla. Girou o corpo com grande velocidade, arremessou seu corpo para alto. Com ira, olhou para seus guerreiros e gritou:

– O que vocês estão fazendo parados! Acabem com Ayla.

Num instante, milhares de guerreiros furiosos se transportaram para cima de Ayla.

Ayla, em pouco tempo, sentiu a presença de milhares de guerreiros em torno de si e com grande velocidade reuniu todos seus poderes que havia no seu interior e os liberou em forma de uma grande explosão.

No mesmo instante, enquanto esses guerreiros ainda estavam sendo arremessados para os lados por Ayla; este num grande ato de coragem e fúria, se transportou para o meio dos rebelados, que ainda estavam no chão. Rapidamente golpeou um, deu um forte chute no outro, um poderoso soco no rosto de outro, liberou rapidamente vários socos e poderosos chutes; tudo isso os arremessando longe. Esse serafim não podia ter tanto Poder quanto os demais e Ayla sabia disso; por isso foi golpeando todos usando o limite do seu Poder e sendo o mais rápido possível. Centenas dos guerreiros de Lúcifer rapidamente se transportaram juntos contra Ayla que, sentindo a presença deles, reuniu seus poderes e os liberou, mais uma vez em forma de uma grande explosão, jogando todos para longe.

Ayla se transportou para o alto, viu a situação de cima e deu um poderoso grito dizendo:

– Venham todos! Podem vir!

Os guerreiros de Lúcifer furiosos apontavam para Ayla e gritavam dizendo:

– Vamos acabar com Ayla!

– Vamos destruir!

No mesmo instante em que a luta continuava, no tempo Chronos, Deus estava na metade do sexto dia. Vendo tudo o que estava acontecendo disse para Jesus:

– Vamos voltar rapidamente, a batalha é hoje.

Continuando a luta, Ayla deu um poderoso rasante indo na direção dos milhares de rebelados. E esses rebelados voaram com grande ímpeto para cima de Ayla.

Quando faltavam poucos metros desse grandioso encontro, Ayla desapareceu. Os guerreiros de Lúcifer ficaram sem entender o que tinha acontecido. Um grita para Lúcifer:

– Ayla sumiu!

– Mas como Ayla sumiu? Vocês não estão sentindo sua presença aqui?

– Não, não estamos sentindo. Eu acredito que nenhum de nós esteja sentindo sua presença.

– Ayla fugiu? – um anjo perguntou.

– Não, Ayla não é de fugir. – Lúcifer respondeu.

Lúcifer, inesperadamente disse:

– Esperem! Vocês estão sentindo?

Alguns responderam:

– Sim, estamos.

– Eu também!

– Mas será que é!?

Lúcifer respondeu:

– Podem ter certeza que sim, guerreiros. Deus voltou ao Reino dos Céus... Foi ele quem tirou Ayla daqui.

Micael se aproximou de Lúcifer e perguntou:

– O que nós iremos fazer agora?

– Vamos tomar o que é nosso! O reinado!

Rafá se aproximou da conversa e disse:

– Enquanto vocês tentaram atrair Ayla, fiz uma estimativa de quantos somos. Só temos apenas 1/3 dos seres espirituais!

Lúcifer ficou apreensivo ao ouvir isso, mas logo em seguida disse:

– Não importa! Eu acredito que juntos seremos poderosos para conquistar o Reino dos Céus. Então vamos para a batalha.

Miquéias disse ansiosamente:

– Sim, vamos Lúcifer! Vamos vencer.

Lúcifer disse:

– Mas antes da batalha, temos que nos preparar para ela. Precisamos das armaduras.

Deus transportou Ayla para o seu palácio e Ayla apareceu gritando devido às fortes emoções da batalha, depois percebeu que não estava mais lá e viu Deus, Jesus e Espírito Santo. Foi voando para cima de Deus para abraçá-lo, dizendo:

– Deus... Pai, Pai!

Deus abraçou Ayla e disse:

– Calma! Você está bem aqui; está bem...

Ayla, num grande impulso, disse:

– Lúcifer reuniu milhões de seres espirituais e querem tomar o seu trono...

Deus, acariciando a cabeça de Ayla, o tranquilizou:

– Ayla, eu sei. Eu dei todo esse tempo e darei até o último momento para que Lúcifer se arrependa dessa atitude. Reunirei todos os seres espirituais fiéis a mim no meu palácio, pois eu sei que Lúcifer não vai se arrepender, apesar de eu querer lhe dar tempo. Quero capacitar cada um para a grande batalha.

Capítulo XVII

A Grande Batalha

Deus convocou cada um dos seres espirituais que não se uniram a Lúcifer para se reunirem no seu palácio.

Miguel estava reunindo todos que estavam em seu palácio e pouco a pouco os grupos foram se transportando para o palácio da Santíssima Trindade.

Depois de ter certeza de que todos haviam se retirado, Miguel observou, do seu palácio, o templo onde guardou as armaduras que havia consagrado a Deus; havia um ser do lado de fora que lhe chamou a atenção, pois estava utilizando uma armadura feita por seu grupo, curioso, se transportou até lá.

Esse ser estava de guarda, quando o arcanjo Miguel ia se aproximando, mesmo estando com o capacete e o elmo aberto, Miguel o reconheceu, para sua surpresa, era Miquéias quem estava lá.

– Miquéias! Mas o que está fazendo? Que atitude louca que está tomando?

– A grande revolução Miguel! Chegou o nosso momento, é hora de tomar o que é nosso; tomar um galardão maior aqui no Reino dos Céus.

– Tomar um galardão maior se rebelando contra Deus e contra a Santíssima Trindade!?

– Se for para conquistar nossos objetivos, assim será feito.

– Mas como pode se unir a Lúcifer; essa sua ideia...

Miguel foi interrompido ao sentir uma presença maligna muito forte. Olhou para trás e viu Lúcifer e alguns dos seus seguidores, todos com as armaduras que Miguel havia feito. No meio desse grupo estava Shava.

Lúcifer, com um sorriso malicioso, disse:

– Miguel!

– Lúcifer! Mas como você pode está liderando uma rebelião contra Deus? O que houve com você?

– Poupe-me desses assuntos Miguel, eu quero algo maior do que ficar perdendo meu tempo com a Santíssima Trindade...

– Perdendo seu tempo com a Santíssima Trindade!? Você não perdia seu tempo com a Santíssima Trindade, você a adorava da melhor forma possível, muitos entenderam a essência da adoração por causa de você e devido a isso quantas e quantas vezes Deus, Jesus e Espírito Santo ficavam em nosso meio. Quantas foram as vezes que Jesus conversou com você por muito tempo...

Lúcifer, irado com aquela conversa, disse:

– Basta Miguel! Eu não estou aqui para ficar ouvindo esse seu comentário inútil e insignificante...

– A prova deste grande amor que Deus tinha por você, está em sua face. Ele te fez quase à sua imagem e semelhança... – disse Miguel.

– É verdade Miguel. Mas como você disse, eu sou quase à sua imagem e semelhança, mas eu não quero ser quase à sua imagem e semelhança; eu quero o trono Dele. E já que está aqui, lhe darei novamente mais uma chance, mais uma oportunidade de se unir a mim, ou se tornar meu inimigo.

Miguel, com uma expressão não muito amigável, respondeu gritando:

– Nunca me unirei a você!

Lúcifer, numa grande fúria, ergueu suas mãos para atacá-lo.

Com grande rapidez, quando as suas mãos estavam próximas, Miguel desapareceu.

Olhando-se uns aos outros se perguntaram; para onde Miguel poderia ter ido. Lúcifer olhou na direção do palácio de Deus e disse:

– Miguel estará lá. Todos estão lá. Guerreiros... Este é o momento. Vamos adiante.

Miguel apareceu na presença de Deus ao lado de Ayla e olhando para Deus disse:

– Deus! Lúcifer já está preparado para a batalha, todos pegaram as armaduras que preparei para o Senhor e estão vindo para cá.

Deus deu um leve sorriso, acariciou sua cabeça e lhe disse:

– Meu amado arcanjo, eles não estão vindo pra cá, eles já estão aqui.

Rapidamente, Miguel olhou para trás e viu milhares de seres, todos com suas armaduras, preparados para a guerra. Lúcifer, a frente de todos os seus seguidores, de longe, via Deus, e sabia que não tinha como voltar atrás. De um lado, os guerreiros que se uniram a Lúcifer, todos com armadura e bem equipados para a guerra, do outro, os seres espirituais que permaneceram fiéis a Deus.

Entre esses dois grupos havia uma grande distância e total silêncio (foi a primeira vez que o Reino dos Céus esteve em silêncio). Mas esse silêncio foi quebrado com os passos de Lúcifer indo à frente dos que o seguiam em direção ao outro grupo. Deu quarenta passos, olhou para Deus e disse:

– Subirei aos altos céus, porei o meu trono acima de ti e serei... Semelhante a ti.

Espírito Santo quando ouviu essa afronta, foi como se uma espada cravasse no seu peito. No mesmo instante, uma lágrima saiu dos seus olhos que escorria devagar pelo seu rosto, até que caiu da face e, junto com ela, um sussurro doloroso:

– Lúcifer, não!

A lágrima caía lentamente e, ao tocar no chão, um grande tremor aconteceu. As estruturas do Reino dos Céus foram abaladas, o chão do palácio começou a se rachar por todos os lados, as colunas do palácio começaram a se rachar também, todos os seres espirituais, sem exceção, tremeram. Um grande pavor tomou conta de todos. O tremor parecia não ter fim. Em alguns lugares do Reino dos Céus, começou um desmoronamento. Alguns tentavam fugir de alguma forma, outros se aproximaram de Deus. Uns caíam com o tremor, outros tentavam se equilibrar. Deus ergueu uma mão e instantaneamente o tremor cessou.

Lúcifer, ao ver tanto Poder, sentiu temor.

Deus, na sua ira, ergueu sua poderosa voz e disse:

– Como ousa me enfrentar aqui no meu palácio e querer tomar meu TRONO, me afrontar. Eu lhe dei o tempo necessário para se arrepender. Sua arrogância deixou você cego. Devido a essa atitude, você e os seus rebelados não terão meu perdão. Miguel e os guerreiros que permaneceram fiéis a mim, tirem Satanás e os seus Demônios daqui, expulsem todos do Reino dos Céus.

Deus ergueu as mãos para os seres espirituais fiéis a ele; delas começou a sair um Poder indo na direção de cada um.

Deus estava enchendo de Poder todos seus fiéis para enfrentar o exército maligno, já que nenhum deles estava de armadura e iriam enfrentar um exército que ficou poderoso. Seus corpos começaram a crescer e suas forças e poderes foram multiplicados.

Depois que todos foram fortalecidos, Miguel, numa grande fúria, olhou na direção dos rebelados e gritou:

– Vamos expulsar Satanás e os seus Demônios daqui!

Lúcifer, ao ouvir isso, tomou coragem, olhou para os seus rebelados e gritou:

– Não tenham medo guerreiros! Não tenham medo!

Vamos! Tomemos posse do que é nosso, pois somos poderosos e seremos grandiosos nesta batalha.

Lúcifer virou-se para os seus oponentes, pediu para que cada um fechasse o elmo que protegia a face, desembainhassem as espadas flamejantes e partissem pra cima dos seus inimigos, num grande brado de guerra.

Miguel e Ayla, que estavam descendo as escadarias que davam acesso ao altar de Deus, saíram correndo na direção de Lúcifer. Lúcifer, por sua vez, foi correndo na direção de Miguel e Ayla. Miguel deu um poderoso pulo, com Ayla, indo de encontro a Lúcifer; Lúcifer também fez o mesmo, indo até eles. Alguns dos rebelados e dos que não se rebelaram fizeram o mesmo, saltando uns contra os outros. Quando houve o encontro entre os dois grupos, o impacto foi tão grande que abalou o palácio de Deus, os sons dos golpes entre eles, era ensurdecedor; era uma batalha assustadora.

O combate entre Miguel e Ayla contra Lúcifer estava acontecendo no ar, e era surpreendente; lutavam em grande velocidade. Lúcifer atacava com sua espada, com as asas, com socos e chutes; Miguel e Ayla tentavam se proteger ao máximo dos seus ataques, ao mesmo tempo que tentavam atacar.

Miguel, em milésimos de segundos, se transportou para trás de Lúcifer para lhe acertar um poderoso golpe; no mesmo instante, Lúcifer virou-se para se proteger com o escudo, numa pequena distração com Miguel, Ayla acertou-lhe um poderoso golpe na cabeça, Miguel, aproveitando-se da situação, o acerta com seu Poder, arremessando-o para longe.

Lúcifer, extremamente raivoso, retornou para a batalha; Miguel se transportou ficando a sua frente, com um poderoso soco preparado, Lúcifer se defendeu com o escudo e atacou com a espada, no mesmo instante apareceu Ayla e com um só golpe o afastou mais uma vez impedindo que Miguel fosse acertado pela espada.

Lúcifer, com uma das mãos livres, jogou um imenso Poder contra o corpo de Miguel. Desta vez não deu pra se defender. Miguel foi jogado contra a parede do palácio. O impacto da força foi tão grande, que fez uma rachadura na parede. Ayla apareceu, com as mãos juntas, joga um grande Poder contra Lúcifer, arremessando com grande força para baixo.

Ainda no impulso do Poder, Ayla se transportou para trás de Lúcifer e lhe deu uma forte voadora; jogando Lúcifer para cima. Miguel, num grande impulso, partiu para cima de Lúcifer com todas suas forças, mas foi empurrado por Shava com seu próprio corpo.

Miguel não foi jogado pra muito longe; entretanto tinha que enfrentar ao Shava; Ayla estava só para enfrentar Lúcifer.

Shava disse:

– Lembra-se da sua afronta Miguel? E agora Miguel? O que vai...?

Mal Shava havia terminado de falar, Miguel, em segundos, se transportou para frente de Shava com um golpe certeiro na cabeça; o Poder do golpe foi tão forte que quebrou o elmo que protegia sua cabeça, além de arremessá-lo para longe.

Deus encheu a todos de Poder. Shava nunca teria Poder suficiente para enfrentar Miguel.

Ayla estava numa batalha acirrada contra Lúcifer e tentava se defender dos seus golpes; por isso, cada vez mais recuava sem ter para onde ir. Alguns dos golpes de Lúcifer acertaram Ayla com força fazendo com que perdesse o equilíbrio. Lúcifer estava prestes de acertar Ayla com sua espada flamejante, quando Miguel apareceu batendo com força na mão de Lúcifer, arremessando sua espada contra a parede, onde ficou encravada.

CAPÍTULO XVIII

O Grande Confronto

Quando Lúcifer arremessou seu Poder contra Ayla, retornou sua atenção para Miguel. Miguel jogou grande quantidade de Poder contra Lúcifer que, por sua vê, jogou seu Poder contra o de Miguel, ficando numa disputa entre esses dois grandes poderes. O encontro entre esses dois grandes guerreiros no alto foi espetacular. Miguel foi ao limite do seu Poder, Lúcifer também.

Lutaram numa grande velocidade, uma velocidade extraordinária, nunca vista antes. Os outros guerreiros, de ambos os lados, por alguns segundos, prestavam a atenção na luta entre Miguel e Lúcifer. Atacar e defender, atacar e defender era assim que estava o confronto entre Miguel e Lúcifer.

Ayla estava sem força, um anjo chamado Gabriel retirou Ayla dali, colocando em um lugar seguro.

Pouco a pouco, cada um dos rebelados começava a dar sinais de cansaço. Deus, pelo contrário, renovava as forças dos seus fiéis.

Lúcifer estava dando o máximo neste confronto, tinha a impressão de que Miguel era mais forte e não desistia.

Os guerreiros de Deus estavam lutando com garra contra os rebelados que, cada vez mais se sentiam acuados, pois suas forças estavam se esgotando.

Lúcifer tentava se defender, mas não tinha forças e num ato de desespero, avançou contra Miguel com todas suas forças. Miguel segurou a mão de Lúcifer que iria lhe atacar, começou a girar em volta com velocidade e o lançou contra o chão. Houve um tremor devido a esse impacto. Os que viram isso tentaram ajudar Lúcifer, mas numa batalha como aquela, os rebelados estavam cada um por si.

Em meio aos escombros, Lúcifer se levantou; olhou para Miguel, que estava no alto, com grande ódio gritou:

– Você é apenas um arcanjo, um ser inferior a mim – voou com raiva contra Miguel com o intuito de tentar um novo ataque.

Ayla com as suas forças e os seus poderes renovados disse:

– Desista Lúcifer. Não tem como enfrentar nos dois.

Aquelas palavras foram uma afronta para Lúcifer. Apontando o dedo para os dois disse:

– Vocês não podem contra mim. Ninguém pode! Eu sou o mais poderoso, eu sou grandioso e nenhum de vocês pode me enfrentar. Inclusive você – apontando para Deus.

Lúcifer começou a erguer mais a voz:

– Você não pode contra mim! Esse trono é meu! Esse reino é meu!

Lúcifer, que já tinha perdido completamente a razão, fixou seus olhos em Deus e usou sua força contra Ele.

Com um pouco da força que ainda tinha, empurrou Ayla para um lado e Miguel para o outro, dizendo:

– Esse trono é meu! Esse trono é meu!

Quando Lúcifer estava a poucos metros de Deus; Deus olhou tranquilamente e disse:

– Parem todos!

Capítulo XIX

Expulsão

Quando Deus disse isso parecia que o tempo havia parado. Os seres fiéis a Ele começaram a se movimentar, mas lentamente.

Deus disse:

– Meus amados filhos, não façam nada.

Então os seres fiéis se movimentaram naturalmente. Os rebelados ficaram inertes nos seus lugares.

Deus olhou para Lúcifer e gritou dizendo:

– Como ousa me enfrentar! Como ousa, uma simples criatura como você, tentar lutar comigo. Você é meramente uma criatura. Todo esse tempo lhe dei amor, lhe tratei como meu amado filho. E como você age? Se rebelando contra mim, esquecendo-se que Eu sou Todo Poderoso. E vocês que se uniram a Lúcifer; se esqueceram de que posso destruí-los, aniquilá-los agora! – Deus parou para se acalmar, olhando para todos os rebelados tornou a falar:

– Vocês não merecem estar mais aqui no meu reinado.

Deus transportou todos fora do seu palácio, os rebelados ainda continuavam imóveis. Ele levantou as mãos e os rebelados começaram a ser suspensos. Não podiam se mexer, mas podiam falar.

Alguns começaram a gritar de medo, preocupados com o que iria acontecer, outros pediam perdão a Deus devido às suas atitudes, mas já era tarde demais. Todos começaram a se reunir, formando uma grande esfera de rebelados.

Lúcifer tentava emitir algum som, fazer algum gesto; porém seu corpo estava totalmente travado. Podia se observar sua expressão de desespero. Todos os rebelados foram reunidos ali.

Deus olhou para Miguel e lhe disse:

– Reúna nossos guerreiros, coloque-os próximos a eles, mas fiquem embaixo deles, pois vocês usaram os seus poderes para expulsá-los daqui. Eu vou direcioná-los para onde vocês devem mandá-los.

Deus começou a dar instruções sobre em que direção deveriam ser levados, e quanta força seria necessária.

Todos os rebelados estavam desesperados, gritavam com todas suas forças, pedindo perdão, gritos de arrependimento. Houve muito pavor em cada um deles, pois tudo aquilo que fizeram não valeu para nada.

Deus disse:

– Basta com os seus gritos e os seus clamores por perdão. Eu lhes dei o tempo necessário e vocês não aproveitaram, agora é tarde demais para clamarem por mim e se arrependerem dos seus erros. Mandarei vocês para o inferno. Esse lugar fica numa outra dimensão; essa dimensão está no centro da Terra.

Deus olhou para Miguel e disse:

– Miguel reúna todos seus poderes, junto com os demais e os utilize para expulsar Satanás e os seus demônios daqui.

Miguel disse:

– Sim, meu Senhor!

Os mais poderosos começaram a se reunir debaixo daquela esfera de rebelados; reuniram seus poderes num só ponto. Lúcifer estava cara a cara com Miguel. Miguel viu sua expressão, sentiu o seu pavor, mas isso não importava mais. Colocou suas mãos em Lúcifer e lhe disse:

– Sai daqui Satanás!

Miguel olhou para os guerreiros que ficaram responsáveis pela expulsão e gritou para todos:

– Guerreiros, utilizem seus poderes quando eu ordenar.

Todos concordaram:

Miguel deu ordem dizendo:

– Guerreiros, utilizem todos os seus poderes agora.

Lúcifer conseguiu gritar:

– NÃÃÃOOO!

Todos jogaram seus poderes contra os rebelados. A intensidade do Poder num só lugar foi tão forte, que todas as armaduras dos rebelados foram destruídas e seus corpos feridos.

Esse Poder começou a mover essa esfera velozmente para cima até que chegou num ponto onde não era necessário mais poder, pois a esfera já tinha força suficiente para prosseguir.

A velocidade que essa esfera tomou foi grandiosa, foi tal, que conseguiu passar os limites da dimensão do Reino dos Céus e entrou na dimensão do Universo que Deus havia criado. Os corpos desses rebelados pareciam que estavam se desfazendo, alguns devido ao Poder que lhes foi lançado, outros pela velocidade. A angústia e o sofrimento naquele momento pareciam não ter mais fim. A dor que os corpos sentiam não se podia comparar à dor no interior de suas almas.

Nessa jornada, ninguém sabia para onde estavam indo, nem o que iria acontecer com cada um.

CAPÍTULO XX

O Poderoso Impacto

A jornada pelo Universo era horrível e angustiante, parecia uma viagem sem fim. Uns pensavam que esse seria o castigo; ficar vagando pelo Universo num sofrimento eterno. Outros, que esse seria o inferno.

Quando Lúcifer e os demais avistaram a Terra, ficaram assustados, pois estavam indo em grande velocidade contra o planeta. Desde o tempo da batalha até o final do trajeto dos rebelados ocorreram muitas mudanças na Terra. O tempo no Universo que Deus criou, não era o mesmo que no Reino dos Céus.

Deus liberou a palavra *"cresçam e se multipliquem"* e esta se fez. Todos os animais e répteis que Deus criou, tiveram filhotes. As vegetações se multiplicaram sobremaneira. O ecossistema do planeta Terra estava em equilíbrio. Todos os animais viviam ao seu modo, as suas rotinas de acordo com cada espécie.

Um brilho diferente nos céus chamou a atenção desses seres vivos. O fenômeno aconteceu ao anoitecer. Logo após, ouviu-se um grande estrondo e uma poderosa explosão. Os animais tentaram correr, voar ou nadar. Aquela explosão começou a devastar tudo que havia a sua volta. O impacto com a Terra abalou por completo as estruturas do planeta.

No local onde ocorreu o impacto se formaram rachaduras que se estendiam desde as profundezas da terra até a superfície por quilômetros. Começou a separação em imensos e gigantescos rochedos de terra, que, com o tempo, iam se afastando um dos outros. A quantidade de poeira que foi erguida foi suficiente para deixar o planeta em trevas e o ar irrespirável. Todo ser vivo que não morreu com o impacto, morreu pela falta de ar e em razão das mudanças climáticas. *"Como seres que não possuíam matéria poderiam fazer um estrago tão grande?"*

É verdade! Esses seres espirituais não possuem matéria, entretanto possuem grandes poderes. Alguns desses seres que foram expulsos pertenciam a um alto escalão no Reino dos Céus e, consequentemente, a um alto Poder. Todos esses seres reunidos em um só lugar, ou seja, na forma de uma esfera onde Deus reuniu todos. Conclui-se então, que não seria necessário possuir matéria para fazer tal destruição. Esses seres invadiram a Terra, indo ao centro. Foram com grande velocidade para a dimensão que Deus, os mandou. Todos estavam temerosos, estavam num lugar diferente. Não demoraram muito para chegar ao inferno.

Capítulo XXI

A Grande Tormenta

A força do impacto no chão do inferno foi mil vezes maior que o impacto sobre a superfície da terra; o inferno é espiritual.

A potência da explosão foi aterrorizante, os seres espirituais foram arremessados para todos os lados do inferno. A sensação que tinham era que aquele momento nunca iria acabar. A explosão abalou todo o inferno; o som era apavorante. A cratera que se formou era gigantesca. A quantidade de fumaça produzida, devido a esse impacto, era imensa e se expandia por todo o inferno. Os projéteis originados do impacto eram arremessados para todos os lados, junto com os seres espirituais. Aqueles que estavam abaixo dos demais eram esmagados.

De alguma forma todos estavam feridos; primeiro, pela batalha no Reino dos Céus, depois, pela jornada pelo Universo e, por último, o forte impacto no inferno.

Alguns seres mais feridos do que outros, uns por terem recebido todo o Poder para serem expulsos do Reino dos Céus, outros pelo forte impacto no inferno.

Aos poucos, iam recobrando as forças e se levantando. Suas armaduras estavam amassadas e parcialmente destruídas. Muitos não tinham forças para se levantar. Só podiam se ouvir gritos de dor, desespero e pedidos de misericórdia. Lúcifer e alguns dos principados rebelados do Reino dos Céus tinham mais forças e ajudavam os demais. Com o tempo, cada um ia-se restabelecendo, com o pouco de forças que lhes restavam começaram a observar o local em que encontravam. O sentimento naquele momento era de não querer existir. O medo e a incerteza de não saber o que seria dali pra frente, tomava todos os rebelados.

O inferno era horrível, um cheiro de enxofre tomava conta de todo o lugar. Era um lugar tenebroso, sombrio onde imperavam as trevas. A única luz que iluminava aquele local, era a luz da Glória de Deus que ainda estava sobre os rebelados. Lúcifer, olhando para tudo em sua volta, teve um grande receio de dar um passo naquele lugar; pois tudo era horrendo. Para um ser que estava acostumado com as belezas do Céu, ir para um lugar como aquele foi o pior castigo que poderia ter recebido. Qualquer lugar que você considere como o pior na Terra, não se podia comparar àquele lugar. Qualquer sentimento de medo que já teve não se comparava ao que cada um estava sentindo naquele momento.

Lúcifer dizia para si:

– Mas o que fiz?

A angústia se multiplicava no interior de todos. Uns diziam gritando:

– O que vamos fazer agora?

– O que será de nós?

Todos em alguns momentos pediam:

– Deus perdoa-nos. Dê mais uma chance. Por favor!

Parecia que Deus não os escutava, parecia que estavam todos abandonados nesse lugar péssimo. A depressão e o terror tomavam conta de todos. Um minuto nesse lugar, parecia uma eternidade.

No Reino dos Céus, o tempo passava e nem era percebido, era um ambiente agradável que todos amavam. Mas, no inferno o tempo parecia ter parado. Alguns choravam pelos cantos lembrando-se do Reino dos Céus.

O que parecia estar ruim, ainda iria piorar.

De repente, ouviu-se ao longe um anjo gritando:

– Lúcifer, Lúcifer. Venha! Rápido!

Lúcifer olhou procurando descobrir quem o chamava, pois o som de pedido de ajuda se confundia com os gritos de desespero e pavor dos muitos seres que ali se encontravam.

E continuava ouvindo:

– Lúcifer, Lúcifer. Rápido, ajude.

Desta vez, o som estava mais próximo e Lúcifer conseguia ver quem o estava chamando. Era um anjo chamado Eljom. Lúcifer correu ao seu encontro com muito medo e ficou preocupado com o que iria encontrar. O desespero do anjo era por causa de alguma coisa que estava acontecendo naquele momento.

Eljom disse:

– Lúcifer, venha rápido, algo está acontecendo com um grupo de anjos. Vamos, venha.

Foram voando até o local. Ao chegar veem alguns anjos tirando as armaduras e gritando:

– Essa armadura está me queimando!

Lúcifer viu que o fogo estava vindo de dentro da armadura. Não demorou muito e o mesmo fenômeno aconteceu com outro grupo. Lúcifer foi para ver o que estava acontecendo. Todos, rapidamente, tirando as armaduras de si e jogando-as para longe. Como uma epidemia que se alastra em pouco tempo, os casos se multiplicaram velozmente entre os rebelados.

Lúcifer observava tudo, mas foi interrompido pelo mesmo motivo. O resto da sua armadura o incendiava por dentro e logo gritou para todos:

– Tirem as armaduras! Tirem logo as armaduras!

Todos começaram a jogar suas armaduras longe de si, tentaram jogar em um lugar seguro de forma que aquele fogo não se propagasse. O desespero era grande em se livrar daquelas chamas. Todos estavam sem armaduras e desprotegidos.

Depois de terem tirado as armaduras, um fato muito estranho chamou a atenção de Lúcifer e dos demais. As armaduras não estavam mais pegando fogo, todas estavam apenas com o brilho da Glória de Deus. Lúcifer curioso aproximou-se de uma das armaduras e ao tocar o capacete que foi jogado, uma chama tomou conta das suas mãos. Lúcifer gritava de dor tentando apagar a chama. Outros seres espirituais tentaram imitá-lo e o fogo se expandia pelo corpo de quem tocava nelas. Os rebelados procuravam se afastar o máximo possível dessas armaduras. Lúcifer e os seus ficavam se perguntando: *"O que está acontecendo"*; *"O porquê aquele fogo quando tocavam nas armaduras"*.

A aflição e o temor pareciam não ter mais fim e piorou com o fato ocorrido com as armaduras.

Ouviu-se outro grito de pedido de ajuda:

– Lúcifer! Lúcifer! Rápido venha cá.

Lúcifer tenta encontrar de onde saía esse som; desta vez, era um arcanjo.

Lúcifer vai até esse arcanjo muito apreensivo com o que iria ouvir.

– O que foi? O que está acontecendo desta vez?

– Vamos venha! Tem um anjo se debatendo muito no chão, gritando de dor.

– Mas todos estão sofrendo! Todos estão com dor, por que você acha que esse simples anjo é especial?

Esse arcanjo olhou para os olhos de Lúcifer e disse:

– Você precisa ver o que está acontecendo com esse anjo.

Ao ouvir essas palavras, o pavor tomou conta de Lúcifer.

Com um pouco de dificuldade, devido a ter muitos seres espirituais em sua volta, chegaram ao local e veem um anjo se debatendo no chão. O seu corpo parecia que estava borbulhando.

Lúcifer tentou segurá-lo para acalmá-lo e disse:

– Acalme-se! O que há com você?

O anjo desesperado gritou:

– Meu corpo... Meu corpo está pegando fogo!

Lúcifer o segurava e tinha a sensação que a temperatura do seu corpo aumentava muito e a pele borbulhava.

Assim como aconteceu com as armaduras, quando o fogo se alastrou por todos os lados, aquela situação estranha aconteceu da mesma forma. A cada segundo que passava só se ouviam gritos:

– Meu corpo está pegando fogo!

– De onde vem esse fogo!

Lúcifer olhava para os lados e só via seres debatendo-se no chão e com muitos gritos de dor.

Miquéias e Rafá, seus dois braços direitos, estavam ao seu lado, Micael se encontrava longe deles. De repente, Lúcifer sentiu um forte aperto no seu ombro, olhou para trás e viu Rafá se contorcendo de dor e dizendo:

– Lúcifer, minha pele está pegando fogo!

E viu o mesmo acontecer com Miquéias. Lúcifer se desesperou mais ainda e se perguntou:

– O que está havendo?

Lúcifer olhou para todo o lado apavorado; não demorou muito para a mesma sensação tomar seu corpo.

Lúcifer gritou:

– Que fogo é esse!

Lúcifer sentia uma dor insuportável do fogo consumindo seu ser. A sua pele começava a borbulhar, e ele se debatia no chão com muito sofrimento e aflição. Muitos começaram a entrar em desespero; puxavam suas peles de tanta dor. Mas isso era só o princípio das dores.

O corpo de cada um, aos poucos ia se transformando, aqueles belíssimos seres espirituais, começaram a se tornar em figuras horrendas e temíveis. Suas aparências estavam ficando monstruosas e repugnantes aqueles lindos seres espirituais não existiam mais. Aquele fogo não estava apenas externamente, mas também internamente consumindo todos por dentro, estavam queimando tudo e até mesmo suas belas vozes. Só podia se ver seres expelindo fogo pela boca. À medida que os corpos se deformavam, as luzes que emitiam iam se apagando cada vez mais. As trevas tomavam conta dos rebelados. O processo de transformação de cada um parecia não ter fim. O sofrimento tomava conta daquele lugar.

Quando o sofrimento diminuiu um pouco, todos observaram que estavam nas trevas, aquele brilho que possuíam, não tinham mais. Eles se assustavam quando uns olhavam para os outros, pois eram seres horripilantes e medonhos, suas vozes grotescas unidas aos gritos de desespero eram aterrorizantes. Tudo isso acontecia na mais densa escuridão.

Num ato de terror e grande sensação de perigo começaram a se atacar uns aos outros com seus poderes. Nenhum reconhecia o outro, a visão que tinham entre eles era de monstros. Os poucos que ainda tinham o mínimo de razão gritavam seus nomes para acalmar os que os viam como se fossem inimigos. Com o passar do tempo, todos foram caindo em si observando suas novas formas. Começavam a tocar seus corpos, seus braços e seus rostos vendo que estavam completamente deformados. Por todo lugar podiam se ouvir gritos e prantos no inferno.

Capítulo XXII

Grande Revolta

A única luz que iluminava o inferno era a emitida pelas armaduras. Nessa nova condição que se encontravam, apenas as luzes das armaduras os incomodavam; todos se afastavam delas. Todos se lastimavam e choravam sem cessar.

Para todos, aquilo parecia um pesadelo, não acreditavam no que estava acontecendo com eles. Cada um se sentia a escória do Universo, seres sem valor nenhum. Expulsos do Reino dos Céus, sem ter a mínima chance de voltar, fracos e completamente deformados, se perguntavam o por quê daquela transformação horrenda, daquela condição deplorável.

Rafá estava à procura de Lúcifer:

– Lúcifer, Lúcifer. Onde você está?

Lúcifer estava próximo de Rafá, porém não o reconhecia devido a essa nova condição física que estava. Com sua voz horrenda respondeu:

– Estou aqui! Quem está chamando!

– Sou eu. Rafá.

Quando os seus olhos se encontraram e viram o estado um do outro; no princípio se assustaram muito, mas o pavor foi superado pelo desespero e tristeza.

Rafá, com a sua voz grotesca, disse:

– O que aconteceu? Olha para nós! O que será de nós? Por que estamos assim?

Lúcifer não sabia o que responder, a não ser olhar para os lados e se angustiar ainda mais. Procurava uma resposta para aquela situação trágica. Então, começou a utilizar sua sabedoria e observando todos e as armaduras, se lembrou do Reino dos Céus, de Jesus, o momento em que conversavam no jardim: *"Isso mesmo! Esse Poder que você acaba de sentir é a Glória do nosso Pai que se encontra em cada lugar deste Reino dos Céus. Devido a essa Glória que o Reino dos Céus é tão belo assim; observe que do próprio reino, de qualquer lugar, emana luz e essa luz vem do nosso Pai devido a sua Glória".*

Depois de ter pensado nisso, Lúcifer sussurra: *"Devido a sua Glória".* Rafá, sem entender o que disse, perguntou:

– O que você falou? Devido a sua Glória? Mas o que é isso?

– Nós estamos nessa condição, porque perdemos a Glória de D...

Quando Lúcifer estava pronunciando o nome de Deus um fogo saiu da sua boca. Rafá ao ver isso tentou ajudar Lúcifer:

– Mas o que é isso, Lúcifer? Você vai pegar fogo de novo?

– Não! Tentei dizer o nome do Todo-Poderoso e não consegui.

– Mas? Como?

– Nós estamos nessa condição, porque perdemos a Glória do Todo-Poderoso, essa Glória estava entranhada em nós, era ela que nós fazia os seres mais belos. Mas agora a perdemos.

Ao ouvirem essas palavras, todos se desesperaram mais ainda. Essa foi a confirmação de que não teriam mais chance de voltar. Estavam condenados para sempre. Foi um momento muito triste para todos os expulsos. Onde antes imperava a felicidade, harmonia e o amor, agora era tristeza, angústia, depressão, raiva e ódio.

Entre os expulsos, havia um arcanjo chamado Lix. Seu pranto havia cessado sua tristeza e angústia, mas havia se transformado em ódio e fúria. Esse arcanjo começou a se levantar, com a sua grotesca e poderosa voz gritou:

– Lúcifer! – rosnando como um animal Furioso – Lúcifer! Maldito seja!

Todos quando ouviram aquelas palavras de ódio do arcanjo Lix, desviaram sua atenção das suas condições e começaram a dar ouvidos ao que estava sendo dito.

Lix, com mais raiva ainda, gritou:

– Era isso que você queria! Olha o que você trouxe para nós. Era isso que você pretendia nos dar. Essa condição deplorável! Se agora estou aqui é culpa sua.

Todos que ouvirem concordaram com Lix e alguns diziam:

– É verdade! Você disse que nós seríamos melhores se te seguíssemos. Você nos enganou! Olha nossa aparência, era isso que pretendia para nós?

Um a um, começaram a se esquecer das dores e lamentações e se levantaram indo em direção a Lúcifer.

Rafá, que estava ao seu lado, também começou a levantar acusações contra Lúcifer dizendo:

– Era esse seu plano Lúcifer! Deixar-me completamente deformado. Essa era a Glória prometida para mim? E agora Lúcifer, o que pretende fazer?

Lúcifer começou a levantar sua voz:

– Esperem! Eu não forcei ninguém a nada. Vocês me seguiram por livre e espontânea vontade.

– É verdade! Mas nós te seguimos pelo que você prometeu.

– Era isso que você queria para nós? Essa situação de desgraça.

Miquéias, com muita raiva, disse:

– Seu maldito! Você tem que pagar pelo o que fez!

Lúcifer reuniu seus poderes em suas mãos, ficou numa posição de batalha e gritou para todos:

– Afastem-se de mim! Fiquem longe de mim! E tratem de se acalmar. Eu já disse para se afastarem!

Lúcifer disse isso se afastando para trás, mas não tinha para onde ir, estava cercado. Para onde ele olhava tinha demônios sedentos de ira e rosnando para estraçalhar por completo esse querubim.

Lúcifer era muito poderoso, porém era apenas um, contra milhões. Então começou a pensar o que poderia fazer numa situação tensa como aquela.

Lúcifer pediu:

– Esperem! Muitos dos que aqui se encontram não ouviram promessas apenas de mim, podem ter ouvido de Miquéias, Rafá ou até mesmo de Micael.

Alguns seres começaram a pensar rápido e disseram:

– É verdade, eu ouvi você Rafá, você me aconselhou a seguir Lúcifer!

Outros diziam:

– Eu também te ouvi Rafá!

Rafá, bastante apreensivo, respondeu:

– Calma! Eu também fui enganado como vocês...

Enquanto Rafá tentava acalmar aquele grupo, Micael estava enfrentando outras acusações:

– Você me enganou Micael.

– Nós fomos enganados.

Essa atitude de Lúcifer fez com que alguns desviassem a sua atenção para os outros. Porém, muitos ainda estavam sedentos por esse querubim. Miquéias e Micael fizeram o mesmo que Lúcifer; tentaram retirar de cima de si a culpa pelo ocorrido dizendo:

– A maioria dos que aqui se encontram vieram porque ouviram outros seres espirituais. Eu não tenho total culpa nisso.

Isso que ouviram, fez com que um acusasse outro. Num momento de tensão como aquele, onde um desejava acabar com outro, era de se esperar que alguém tomasse a iniciativa. E foi o que aconteceu. Um simples anjo, no auge da sua raiva, jogou seu Poder contra outro. Foi o bastante para iniciar a batalha entre eles.

A luta parecia que estava mais feroz e violenta do que a batalha no Reino dos Céus. A guerra no Céu tinha um propósito, um objetivo. Mas esta batalha no inferno era por vingança e muito ódio.

Esse tipo de sentimento é bastante desagradável, dependendo da quantidade, pode nos impulsionar mais ainda, ou seja, nos dar mais força e ânimo. E foi isso que aconteceu com cada um ali; a sede de vingança fazia com que se esquecessem das dores e fraquezas. Num momento como aquele, já não importava a hierarquia; se era serafim, querubim, arcanjo ou até mesmo anjo; quem era o mais forte ou o mais fraco. O que imperava naquele momento era a cólera que tirava a razão de todos e fazia que agissem loucamente.

Todos os seres espirituais lutavam entre si, porém todos se focavam em Lúcifer.

Lúcifer golpeava, chutava, jogava seu Poder contra os demais, mas parecia que nada adiantava. Aqueles demônios se aglomeraram aos milhares sobre Lúcifer. A única solução que teve era reunir o resto das forças que lhe restavam e liberá-la em forma de explosão. Depois se transportou para outro lugar. Para onde ia, os seres que estavam se enfrentando paravam de lutar entre si e passavam a lutar contra Lúcifer.

Todo momento de tensão chegou a um determinado ponto que atingiu seu auge. A batalha entre os rebelados chegou ao seu auge. Todos lutavam estraçalhando uns aos outros. Aqueles que eram mais poderosos destroçavam o corpo dos mais fracos, ao mesmo tempo, os menos poderosos se uniram para acabar com os mais fortes. Eles se atacavam, mordendo e arrancando pedaços do corpo dos seus oponentes, que, por sua vez, tentavam esmigalhar os outros. A luta era horrenda e o descontrole total.

A loucura tomou conta de todos, sem exceção. As atrocidades de cada um eram terríveis.

Quando Deus criou os seres espirituais, os criou para serem eternos, ou seja, até quando Deus quiser cada um seria infinito.

Não importa o grau de ferimento gerado naquele momento, eles existiriam por toda a eternidade. A batalha chegou ao ponto máximo, porém, chegou um determinado momento que as forças se acabaram e os ânimos diminuíram então, o que resta fazer é olhar o cenário de destruição.

Lúcifer extremamente fraco e ferido olhou para tudo e todos, concluiu que aquela batalha não adiantou nada. Ninguém retornou às suas aparências anteriores, Deus não perdoaria ninguém tampouco retornariam ao Reino dos Céus.

Com o tempo, ao analisar todos esses fatos, chegou-se à seguinte conclusão: *"Em nada adiantaria lutar entre si, já que, aquele reino dividido não prosperaria".*

Lúcifer reuniu o resto das forças que ainda tinha, se levantou e disse:

– Me escutem! Escutem o que tenho a dizer! Vejam como estamos. Essa luta não levou a nada. Lutar entre si, não ajudará nada, fomos expulsos e não poderemos voltar. Parem e analisem:

– Por que estamos existindo ainda?

Um ser respondeu arrogantemente:

– Porque o Todo-Poderoso nos criou para sermos eternos.

– Sim, é verdade! Mas há alguma coisa impossível para ele? Se ele quisesse já teria nos destruído.

Ouvindo isso, todos, sofrendo de dor, ficaram pensativos.

– Eu não sei qual é o propósito do Todo-Poderoso em nos manter ainda existindo. Mas, se ficarmos na forma como estamos, não iremos a lugar nenhum.

Um serafim debochadamente disse:

– Então nos faça outra proposta?

– A minha proposta é que devemos nos unir, não sabemos ainda qual é a razão do Todo-Poderoso nos manter existindo, mas ficar como estamos não vai ajudar em nada, portanto: devemos fazer é respeitar a hierarquia como era no Reino dos Céus. Já que ainda mantemos nossos poderes, devemos manter a hierarquia como existia lá.

Todos começaram a concordar com o que Lúcifer dizia.

– Vocês se chamarão, como o Todo-Poderoso os chamou, de Demônios. Lúcifer não existirá mais. A partir de agora me chamem, como o Todo-Poderoso me chamou; de Satanás.

Todos concordaram com o que estava sendo dito.

Lúcifer terminou dizendo:

– Continuemos a nos organizar, pois tempos duvidosos e incertos nos aguardam.

Capítulo XXIII

A Reconstrução

O palácio de Deus estava sendo reconstruído; depois da batalha, algumas áreas do Reino dos Céus foram destruídas ou danificadas devido ao grande tremor. Deus reconstruía os Céus junto com Jesus e Espírito Santo, alguns seres espirituais os ajudavam.

Depois do ocorrido, houve grandes mudanças. Todos se dedicaram nos afazeres da reconstrução. A guerra gerou grandes mudanças nos seres espirituais. Todos viram o estado em que Espírito Santo estava no momento da batalha. Presenciaram como Deus ficou após a afronta de Lúcifer. O estado de como ficou o Reino dos Céus contribuiu para a mudança dos seres espirituais, que devido ao grande amor e fidelidade que tinham pela Santíssima Trindade, não aceitaram o sentimento que provocou a rebelião, pois eles estavam totalmente contra os rebelados e dispostos a enfrentá-los de novo.

Assim como Deus não perdoou os seres infiéis, os que permaneceram fiéis tampouco os perdoariam e usariam todas suas forças contra eles, caso fosse necessário.

A aversão contra os rebelados era unânime. Houve uma grande perda em alguns grupos, faltavam líderes, porém, essa nova situação fez com que seres espirituais começassem a se despontar, e tomassem uma postura de liderança que os demais respeitavam e acatavam o que esses novos líderes diziam.

Diante de tudo isso e da determinação de cada um, Deus resolveu instituir oficialmente novas lideranças e novos cargos. Reuniu todos os seres espirituais em seu palácio. Os responsáveis pelo louvor tocavam músicas agitadas comemorando o recomeço no Reino dos Céus.

Para o grande momento dos que ali estavam, Deus disse:

– Arcanjo Miguel, eu te capacito para que seja um dos primeiros príncipes do Reino dos Céus. Você será responsável pelo poderoso exército que aqui existe. Pois a batalha no Reino dos Céus, não será a última.

Deus apontou para Ayla e disse:

– Ayla! Meu estimado Serafim! Você será responsável pelo louvor do Reino dos Céus, escolha um querubim capacitado para lhe auxiliar no comando dos grupos de louvor. Você Miguel e outros que delegarei serão os principados do Reino dos Céus. Vocês terão novas funções que serão capazes de executar com perfeição.

Jesus se aproximou de Deus e disse:

– Os tempos vindouros serão trabalhosos meu Pai.

Deus virou-se para Jesus e respondeu:

– Os tempos vindouros serão muito trabalhosos meu filho, mas tudo ao seu devido tempo; o tempo agora é de reestruturar o Reino dos Céus e reconstruir o planeta destruído.

Deus, junto com Jesus e Espírito Santo, retornaram para a sala de projetos, onde por meio de cálculos complexos e de tecnologia avançada, montavam um plano para reestruturar o planeta destruído pelo impacto dos rebelados.

A pergunta é: "Por que Deus teve tanto trabalho em construir um planeta para depois destruir parte dele lançando os rebelados contra a Terra? Será que não havia outra forma de lançar os rebelados ao inferno sem que houvesse necessidade de destruir os seres vivos existentes?"

Alguns têm a capacidade de viver apenas o momento, não se importando com o futuro, com o que lhes aguarda; outros planejam os tempos vindouros, tentam se preparar, se estruturar ao máximo, visualizando o melhor para si e para os que o rodeiam. Deus vai muito além Ele não apenas vê o presente de cada uma dessas pessoas que habitará nela, vê o futuro delas; vê cada situação: favorável ou desfavorável. Ele é um estrategista. Lançar os rebelados contra o planeta Terra e destruir parte dela, não foi por acaso e muito menos sem qualquer motivo, foi uma atitude planejada e organizada; desde o momento em que o Senhor percebeu que Lúcifer, agora denominado por Satanás, não iria voltar atrás nos seus planos; Deus já havia preparado esse local para os seus rebelados. A destruição da Terra teve um objetivo, para que o futuro ser humano, dotado de sabedoria e curiosidade, saiba o que aconteceu no passado. Algumas dessas indagações vão convergir numa só resposta, Nele.

Depois de algum tempo, depois de organizar a estrutura do Céu. Deus, Jesus e Espírito Santo, retornaram à Terra. A quantidade de poeira suspensa ainda era grande. Não havia nenhum ser vivo.

Espírito Santo olhou para Deus e disse:

– Ainda tem muita poeira suspensa!

Deus disse:

– Venham comigo!

Então Deus junto com Espírito Santo e Jesus, começaram a levantar vôo e chegaram a uma altura onde conseguiam visualizar toda a Terra. Deus deu um poderoso assopro e começou a se dissipar toda a poeira. Com a poeira dissipada, foi possível visualizar os estragos no planeta. A força do impacto foi tão poderosa que separou a porção seca em imensos rochedos.

No inferno, todos sentiram uma forte presença e concluíram que Deus estava próximo dali. Instintivamente, todos olharam para o alto, Satanás junto com alguns maiorais ficaram curiosos em saber que Deus estava na Terra, alguns chegaram a ter esperança de uma nova chance e serem perdoados, mas logo essa chance foi descartada.

Satanás e os demais começaram a levantar voo, indo o mais alto possível. Na medida em que foram se aproximando nas extremidades do inferno, parecia que um portal estava se abrindo, de onde podiam ver a superfície da Terra.

A Santíssima Trindade estava suspensa no ar, devagar foi descendo até tocar o chão. Deus olhou para o holograma onde se encontravam seus projetos e viu que primeiro seria necessário reconstruir o solo, então, Deus, ergueu uma das mãos e dela saía uma luz, olhando para os lados disse:

– Terras, reconstituam-se, vegetações voltem a crescer.

Dito isso, o solo começou a ser reconstituído e as vegetações começaram a crescer segundo suas espécies, dando frutos segundo sua espécie.

Deus olhou e viu que tudo estava perfeito, Jesus, olhando para Deus, lhe disse:

– Vamos deixar as grandes porções de terra como estão.

– Sim, deixemos como está; Assim será melhor. Vamos trazer à vida aos demais seres vivos.

Espírito Santo perguntou:

– Vamos trazer à vida os grandes répteis?

Deus respondeu:

– Não, vamos trazer à vida outras espécies. Vamos continuar do ponto em que paramos.

Espírito Santo disse:

– Então, que assim seja.

Deus ergueu as mãos mais uma vez e disse:

– Revivam seres, eu lhes ordeno.

Alguns dos seres que havia criado, conforme seu desejo e suas ordens foram retornando à vida, tanto os animais terrestres quanto os animais aquáticos. Depois de formados, os abençoou mais uma vez para que crescessem e se multiplicassem.

Deus confirmou que tudo, mais uma vez, estava bem.

Satanás e os demais presenciaram todos os momentos da reconstrução do planeta. Eles só haviam visto o primeiro dia quando Deus criou o Universo, depois disso não acompanharam mais nada. Satanás se recordava que quando observava Deus criando o Universo, desejava todo aquele Poder para si e se perguntava como iria alcançar um Poder como aquele. Mas naquele momento, observando Deus reconstruindo o planeta, chegou à conclusão que nunca conseguiria possuir tais poderes e que Deus sempre foi muito mais poderoso do que imaginava.

Espírito Santo olhou para tudo e viu que estava completamente perfeito. Estava tudo como era antes.

Jesus disse:

– Então meu Pai, falta a última criação.

– Sim filho. Façamos o homem à nossa imagem, conforme a nossa semelhança, que domine os peixes do mar, as aves dos céus, os animais terrestres, sobre toda a Terra, e sobre todo réptil que se move sobre a Terra.

Satanás ouviu as palavras e ficou extremamente decepcionado, pois esse ser humano que Deus iria criar teria a imagem e seria conforme a semelhança de Deus. Uma atitude que não esperava que Deus tivesse.

Deus suspendeu uma porção da terra com o seu Poder; segurou com as mãos e começou a fazer uma fôrma com formato de um corpo.

Jesus e Espírito Santo também ajudaram cada um a fazer uma parte interna desse novo ser.

A atenção aos mínimos detalhes era extrema, cada um fazia os órgãos de acordo com as necessidades daquele corpo limitado. O empenho que Deus, Jesus e Espírito Santo estavam dando a esse ser, nem se comparava, ao mesmo empenho que deu aos demais seres. Ali estava sua obra mais perfeita; ali estava o motivo pelo qual Deus criou todo aquele Universo. O seu sonho estava realizado. Deus concluiu a forma do corpo. Os detalhes, Jesus e Espírito Santo, terminaram com os órgãos internos.

Antes dos órgãos serem colocados na fôrma do corpo, Deus deu uma atenção especial ao coração do homem. Com a precisão melhor do que um cirurgião fez um pequeno espaço no coração e disse:

– Este espaço é onde minha presença irá habitar e nada nem ninguém ocupará esse espaço a não ser Eu. Você pode tentar ocupar esse vazio com outras coisas, mas não irá conseguir, pois esse coração me pertence e esse corpo será o templo do Espírito Santo.

Colocando cada órgão no seu devido lugar e com muito cuidado fecharam aquela fôrma.

A Santíssima Trindade ao contemplar aquela obra perfeita terminada ficou emocionada. Colocaram a obra deitada no chão e juntos assopraram em suas narinas.

À medida que aquele assopro ia penetrando nas narinas seu corpo ia se tornando em carne e osso.

No inferno, Satanás estava contemplando aquele momento terrível. À medida que o homem se tornava em carne, Satanás, cravava suas garras na sua face, rasgando-a devagar de cima para baixo. Depois que o homem havia terminado de se tornar carne, deu um forte suspiro, olhou para o alto. No inferno, Satanás deu um poderoso grito de ódio.

Deus, Jesus e Espírito Santo estavam na sua frente. Não estavam usando sua estatura colossal, se adaptaram a uma estatura normal, de forma que seu novo filho se adapte a eles. Deus estava medindo naquele momento dois metros e meio; Jesus, dois metros e Espírito Santo, um metro e noventa.

Deus estendeu suas mãos para ele e disse:

– Vamos meu filho, segure minha mão, eu te ajudo a levantar.

Deus ajudou Adão a se levantar, com um pouco de dificuldade, parecendo uma criança recém-nascida. Deus o ajudou a se firmar com os pés.

Deus, segurando-o pela mão e acariciando sua cabeça, disse:

– Meu filho! Eu me chamo Deus, e eu sou seu Pai e criador. Seu nome é Adão.

Adão deu um leve sorriso ao ouvir aquelas palavras, apesar de não ter compreendido ainda o que Deus disse, pois estava adquirindo conhecimentos e entendimentos como se fosse uma criança, mas compreendeu que ali havia um grande amor e carinho por ele.

Do inferno Satanás esbravejava muito e dizia:

– Eu não acredito. Eu estou aqui nessas condições horrendas e ele dá a esse novo ser a sua imagem e semelhança. Não pode ser. Mas isso não ficará assim. Nós não podemos deixar isso desta forma.

Um dos demônios disse:

– O que iremos fazer, nós não podemos contra o Todo Poderoso.

Satanás, olhando para Adão, disse:

– Mas quem disse que enfrentaremos o Todo-Poderoso, já vimos que não temos capacidade para isso. Porém, iremos afetá-lo tocando no que Ele mais ama... O ser humano.

– De que forma você pretende fazer isso?

– Não sei, mas temos toda a eternidade para planejar isso.